Erfolg kann man lernen

Rolf Hasenclever

Erfolg
kann man lernen

Ratgeber für alle, die was werden wollen

BUSSE
SEEWALD

CIP-Kurztitelaufnahme der Deutschen Bibliothek

Hasenclever, Rolf:

Erfolg kann man lernen: Ratgeber für alle,
die was werden wollen / Rolf Hasenclever.
Herford: Busse Seewald, 1986.
ISBN 3-512-00740-6

Satz und Druck: Busse, Herford
Buchbinderei: Hunke + Schröder, Iserlohn
Umschlag: Roland Israel
Illustrationen: Gerhard Vogler
Printed in Germany
ISBN 3-512-00740-6

Inhalt

Der Spiegel ist eine der größten
Erfindungen der Menschheit.
Ist er doch die einzige Möglichkeit,
sich selber ins Gesicht zu sehen.

Bitte betrachten Sie dieses Buch
als Ihren Spiegel.

Rolf Hasenclever

Liebe Leserin – lieber Leser,

dies ist das dritte Buch in der Reihe meiner erfolgspsychologischen Werke.

Es soll der Abrundung und weitgehenden Vervollkommnung dienen bei meinem Versuch, Ihnen mit meinen Ratschlägen für bessere Selbsterkenntnis und Menschenführung zu mehr Glück und Erfolg zu verhelfen. –

Wer sein Ziel nicht kennt, kann es auch nicht erreichen.

Viele von uns wissen überhaupt nicht, was sie wollen. Andere haben zwar Wünsche und Vorstellungen, sehen aber keine Möglichkeit, diese zu verwirklichen. Wieder andere versuchen, ein bestimmtes Ziel zu erreichen, haben dabei jedoch keinen Erfolg.

Dabei könnten wir alle viel glücklicher sein!

Wer aber zeigt uns, wie wir das anfangen sollen? Die Eltern? Die Lehrer? Die Schul- oder Arbeitskollegen?

Im Elternhaus müssen wir Befehle ausführen und mit Verboten leben. Oder – und das ist genauso gefährlich – man erfüllt uns jeden Wunsch, hat aber ansonsten keine Zeit für uns.

Fragen werden nicht oder nur unzureichend beantwortet, unsere Sehnsucht, den Sinn des Lebens zu erkennen, wird als Jugendträumerei verkannt, und man wartet darauf, daß wir »schon von selbst vernünftig werden«.

Auch in der Schule lernen wir alles Mögliche und Unmögliche. Einiges davon erscheint uns mehr, anderes weniger sinnvoll. Über uns selbst, warum wir so sind, wie wir sind und über den Umgang mit anderen und mit uns selbst erfahren wir so gut wie gar nichts.

Toleranz, Verständnis und vieles mehr sind und bleiben für uns Fremdwörter.

Im Berufsleben setzt dann der Konkurrenzkampf ein. Nach der Lehre oder dem Studium geht es um einen Arbeitsplatz, der sicher ist, möglichst viel Geld und Anerkennung bringt und der uns auch Freude und Befriedigung bereiten soll. Dann ist es oft vorbei mit der »Nachbarschaftshilfe«, denn nun denkt fast jeder nur noch an sich selbst.

Auch wenn viele Firmen aufstrebenden Mitarbeitern die Möglichkeit zur Weiterbildung bieten, beispielsweise durch Seminare, so bleibt doch der weitaus größere Teil der Bevölkerung psychologisch »unbeleckt«.

So ist es jedem von uns überlassen, den Weg zu Glück und Erfolg selbst zu suchen.

Eben dabei will ich Ihnen helfen.
Ich möchte Sie mit den psychologischen Grundregeln bekannt machen, die unbedingte Voraussetzung dafür sind.

Psychologische Grundbegriffe, verständlich dargestellt, sollen uns helfen, erfolgreich zu sein.

Zusammenfassung:
- Wir leben ziellos
- wird nicht gelehrt
- Selbst den Weg zu Glück u. Erfolg suchen!

Dabei will ich Sie jedoch keineswegs mit Fremdwörtern und unverständlichen Begriffen und Formulierungen erschrecken. So wähle ich eine Sprache, die jeder versteht:
Kurz und bündig, klar, verständlich und humorig.

Ich versuche, dem Begriff »Psychologie« das Geheimnisvolle, Unergründliche, leicht Verrückte und schwer Verständliche zu nehmen.

Lachend und froh gestimmt lernt man leichter

Zur Einstimmung

Nachdem ich lange Zeit anderen psychologische Ratschläge erteilte – als Seelenarzt sozusagen –, Verkäufer trainierte und Verkaufsleiter schulte, beschloß ich, meine Erfahrungen zu Papier zu bringen. Ehe ich alt und trottelig werde und sie nicht mehr verständlich weitergeben kann. Bevor ich alles vergesse oder schon vorher diese schöne Welt verlassen muß.

Schon seit meiner Jugend interessiere ich mich für das Verhalten der Menschen, seine Ursachen und vielfältigen Wirkungen.

Durch Beobachtungen kommt man zu Erkenntnissen.

So habe ich über viele Jahre hinaus meine Mitmenschen beobachtet, ihre äußeren Merkmale und ihr Verhalten verglichen und Aufzeichnungen darüber gemacht. Die Aussagen berühmter lebender und längst verstorbener Psychologen erhärten die Ergebnisse eigener Erkenntnisse.

Schon als junger Mann habe ich immer wieder die Frage nach dem »Warum« gestellt. Und da ich viel Ungerechtigkeit erdulden mußte, versuchte ich herauszufinden, warum so viele Menschen, die in der Kirche am lautesten beten, im Leben oft die ärgsten Sünder sind.

Ich wollte wissen,
warum Erfolgreiche erfolgreich und Erfolglose erfolglos sind,
warum viele Dumme glauben, alles besser zu wissen,
warum so viele Zeitgenossen die Schuld eigenen Versagens immer nur bei anderen suchen,

warum Neid und Haß die Welt regieren und die Anständigen und Gescheiten eher in der Minderzahl sind.

Richtige Voraussetzungen sind Grundbedingungen des Erfolges.

Ende der siebziger Jahre schrieb ich dann mein erstes Buch. Es trägt den Titel »Erfolg – so nebenbei«, der ausdrücken soll, daß der Erfolg dann mit großer Wahrscheinlichkeit eintreten wird, wenn die Voraussetzungen stimmen.

Von eben diesen Voraussetzungen handelt jenes Buch. Wenn Sie es gelesen haben, werden auch Sie vermutlich immer wieder gedacht haben: »Das ist doch logisch!« Weil die Schilderungen alltäglicher Begebenheiten auf jeden und auf jede Gelegenheit passen. Weil sie nicht außergewöhnlich sind, sondern uns allen überall und immer wieder begegnen.

Das alles ist jedoch weder logisch noch selbstverständlich. Weil wir Menschen durchaus nicht immer logisch, sondern überwiegend psychologisch denken und handeln.

Was damit gemeint ist?
Daß unsere Gefühle (die vielbesungenen Emotionen!) uns oft daran hindern, etwas für uns Nützliches zu tun. Beispielsweise wenn wir einen uns äußerst unsympathischen Menschen um eine Gefälligkeit bitten müßten. Die er uns vermutlich auch erfüllen würde und die für uns sehr wichtig wäre.
Aber das bringen wir dann eben nicht über uns! –

Von denen, die den »Erfolg« wirklich aufmerksam und bis zum Ende gelesen haben, bekam ich dickes Lob.

Fast alle hatten in den beschriebenen Personen

irgend jemanden wiedererkannt, Freunde und Feinde gleichermaßen.
Nur nicht sich selbst.
Und das ist eben die Tragik! –

Nur ganz wenige machen da eine Ausnahme. So schrieb mir der deutsche Botschafter in Norwegen, Dr. Johannes Balser:

»Also, ›Erfolg – so nebenbei‹ ist fabelhaft! Man fühlt sich alsweg ertappt, lacht sich ins Fäustchen, daß das sicher auch für andere gilt, schämt sich ein bißchen, daß man sich ins Fäustchen gelacht hat und ist am Ende – für ein Weilchen – ein guter Mensch. Vielen Dank!«

Solchermaßen ermutigt schrieb ich weiter und füllte mit einem großen Teil bisher noch nicht verarbeiteter Gedanken mein zweites Buch. Es ist die logische Fortsetzung von »Erfolg – so nebenbei«.

Ein mir besonders wichtig erscheinendes Kapitel meines zweiten Buches ist »Der Wesensstern«. Es zeigt uns in leicht verständlicher Form, wie wichtig es ist, »vorher« zu erkennen, wer zu wem paßt – und das nicht nur in Freundschaft, Liebe und Ehe, sondern auch im Beruf.

Bei Beachtung dieser Hinweise wird es vermeidbar sein, daß sich ein Nichtraucher nach vergeblichem Kampf mit einem halben Dutzend Raucherkollegen zur Kündigung entschließt.

»Der Wesensstern« als Buchtitel wird bei einer Neuauflage in »Mit dem Erfolg per Du« geändert.

Nun ist das ja mit den Büchern so eine Sache:

Das Angebot ist riesig, die Auswahl fällt schwer und die Zeit zum Lesen ist bei vielen von uns nicht gerade reichlich bemessen.
Trotzdem pflegen viele, denen ein Buch auf den Tisch kommt, dieses bisweilen wenigstens durchzublättern, dabei oftmals von hinten nach vorne. Um zu sehen, ob die Schrift lesbar und es auch nicht zu eng beschrieben sei . Ob die Überschriften den Erwartungen entsprechen und wie lange es wohl dauern würde, entschlösse man sich, es wirklich ganz und gar zu studieren.

Ob etwa eine Widmung hineingeschrieben wurde, die zwar an liebe Freunde erinnert, das Buch aber zum Weiterverschenken untauglich mache. Oder ob es nicht gar besser sei, es gleich zu den anderen zu legen.

Außer, man hätte es sich selbst gekauft. Dann allerdings würde man schon so etwa zwanzig Seiten lesen müssen, denn schließlich möchte man doch etwas für sein Geld haben. Das ist man sich immerhin schuldig.

Alles, was wir tun, muß einen Sinn haben.

Was ich sagen will, ist, daß – wie wir alle wissen – Lesen mit Arbeit verbunden ist und nebenbei auch noch Zeit kostet. Beides wird man normalerweise aber nur dann in Kauf nehmen, wenn anzunehmen ist, daß auch etwas dabei herauskommt. Das wiederum setzt voraus, daß man die Notwendigkeit einsieht, seine Kenntnisse zu erweitern und daß man »ohne Fleiß keinen Preis« erringen wird.

Dies allerdings wäre dann bereits der erste Schritt zum Erfolg! –

Meine drei Werke, »Erfolg – so nebenbei«, »Der Wesensstern«*) und dieses Buch, stellen eine in sich geschlossene Einheit dar, obwohl natürlich kein Anspruch auf Vollkommenheit erhoben wird. Vielleicht wird man auch hier und da von seiten der Wissenschaft nicht immer vorbehaltlos zustimmen können, zumal ich, um von einem möglichst großen Leserkreis verstanden zu werden, das eine oder andere Thema doch zum Teil stark vereinfacht dargestellt habe.

Wenn es mir aber gelingt, recht viele meiner Leser zu veranlassen, einmal gründlich über sich nachzudenken und künftig bewußter und damit erfolgreicher zu leben, dann haben diese Bücher ihren Zweck erfüllt. –

ZUSAMMENFASSUNG:

- Durch Beobachten und Fragen kommt man zu Erkenntnissen (Warum?)
- Richtige Vorraussetzungen sind Grundbedingungen des Erfolges
- Wir denken u. handeln überwiegend GEFÜHLSMÄSSIG!
- Können nur uns ändern!
- Unser Tun muß einen Sinn haben

Mühelos erfolgreich sein

Gibt es das denn überhaupt?
Setzt nicht Erfolg immer Arbeit voraus, und ist Arbeit nicht immer mühevoll? –

Nun, wir wissen, daß mit der Erfindung des Werkzeuges manches für die Menschheit leichter wurde. Der Hebel beispielsweise ermöglicht es uns, Gewichte zu bewegen, die wir mit bloßer Hand niemals von der Stelle bekämen.

Heute jagen sich die Erfindungen in Technik und Wissenschaft. Was vor nicht allzu langer Zeit noch unmöglich erschien, gehört heute längst zum Alltag.

In einem aber leben wir Menschen immer noch in der Steinzeit, nämlich in der Rationalisierung unserer eigenen Person.

Unbeschreiblich viele Menschen in aller Welt sind erfolglos oder halten sich dafür. Sie haben es nicht verstanden, die vielen Beispiele der Technik auf sich selbst anzuwenden, um mit einigen wenigen Hilfsmitteln ein völlig neues, glücklicheres Leben zu führen.

Beispiele der Technik auf uns anwenden!

Mit diesen Hilfsmitteln möchte ich Sie nun bekanntmachen, damit auch Sie Erfolg haben.

Dieser Erfolg setzt deshalb keine Mühen voraus, weil alles im Leben leichter ist, wenn man weiß, wie man es anfangen muß, wofür man es tut, und wenn man frisch ans Werk geht. –

Nun ist die Sehnsucht der Menschen, erfolgreich zu sein , der Traum vom »großen

Glück«, das Streben nach »Höherem« so alt wie wir Menschen selbst.

In der Tat – erfolgreich möchten wir alle sein. Und wenn wir es nicht sind, wollen wir wenigstens so scheinen.

Dazu gibt es viele Möglichkeiten.
Eine enorm wirkungsvolle ist die, uns von anderen möglichst positiv zu unterscheiden.
Das Auto ist dafür ein besonders beliebtes Medium.
Das macht sich die Autoindustrie verständlicherweise zunutze. So kann man mit Zubehör sein Auto total verändern – es rassiger, sportlicher, schneller und teurer aussehen lassen. Als Besitzer einer solchermaßen »aufgemotzten« Superkutsche kommen wir uns dann gleich ein paar Zentimeter größer vor.

Schon die Buchstaben am Heck sind dafür wichtig.
Je kleiner das Auto, desto kerniger die Buchstaben.
»C« ist gut.
»CC« ist besser.
»CSI«, »LX«, »SEL«, »TXRI«, »GTI« und andere geheimnisvolle Andeutungen geben

dem Fahrer das Gefühl der Überlegenheit und den anderen den zwingenden Hinweis, beim nächsten Mal auch einen Buchstaben mehr zu kaufen.

Eine andere beliebte Spielart ist die »Prominentenanleihe«. Wenn man schon selbst nicht prominent ist, so lieben es viele, durch die Erwähnung der Bekanntschaft mit einer Persönlichkeit des öffentlichen Lebens sich selbst den Anschein der Wichtigkeit zu verleihen.

Ja, und dann gibt es noch die »In-Sucht« – nicht zu verwechseln mit der »Inzucht«.

Den neudeutschen Ausdruck »in« kennen Sie doch. Man ist »in«, wenn man sich einer jeweils ganz bestimmten Gruppe oder Richtung anpaßt und dabei mitmacht, z. B. in Modefragen.
Man ist »in«, wenn man dazugehört.

Zur Verdeutlichung ein kleines Beispiel:

Urlaub im Skiort.
Nach dem Skilaufen trifft sich alles an der draußen im Schnee aufgebauten Bar eines bestimmten Lokals.
99 stehen schon da in der Eiseskälte, einen Jagertee in der Hand, verschwitzt, jetzt eher frierend, aber sie stehen da.

Sie könnten auch hineingehen,
aber drinnen stehen eben nicht die 99 anderen Leute! Es ist für den einzelnen einfach wichtig dabeizustehen. Da ist man was, da gehört man dazu, da ist man »in«! Ja, irgendwie kommt man sich sogar ein wenig prominent vor.

Vielleicht – so jedenfalls schrieb mal eine bekannte Illustrierte , stand da vor Jahren mal der Gunther Sachs oder so.
Na, und nun umgibt man sich einfach mal für eine Stunde mit dem Flair, »in« zu sein.

Übrigens – warum auch nicht?
Das ist ja schließlich nichts Schlimmes!! –
Es ist doch nur ein Beispiel für die Sehnsucht der Menschen, auch einmal etwas »Besonderes« zu sein.
Und sei es nur, daß man neben einem Prominenten steht oder einem, der so aussieht, denn man weiß ja nie, wer wer ist.

Vielleicht ist auch gerade ein Fotograf in der Nähe. Dann kann man schließlich zu Hause erzählen:
»Was meinst Du, wer neben mir stand?«, und dann zeigst Du das Bild und alle bewundern Dich.
Ein tolles Gefühl!

Hier geht es aber nicht um den Glanz anderer, deren Strahlen uns einen Schimmer mitgeben sollen, sondern um eigene Erfolge.

Da gibt es nun auch viele Bücher, die dem erfolgshungrigen Leser Ratschläge vermitteln und verschiedene Methoden, die – richtig angewandt – durchaus nützlich sein können.

Sie alle aber setzten voraus, daß es dem Ratsuchenden ernst ist. Daß er bereit ist, in sich zu gehen und in der Selbstbeurteilung ehrlich zu sich selbst zu sein.
Daß er die Situation, in der er sich befindet, richtig beurteilt und sich vor allen Dingen darüber klar ist, was er wirklich will.

Es entspricht nun mal der Natur der Menschen, bequem zu sein – bisweilen sogar faul. Am liebsten wäre uns das Schlaraffenland, in dem uns die »gebratenen Tauben ins Maul fliegen«. Eine Erfolgsmethode also, die man fertig kaufen kann und die dann jede gewünschte Erfolgsart automatisch eintreten läßt, wäre ideal.

Doch wir wissen ja:

Von nichts kommt nichts

Das ist ein gewichtiger Grund dafür, daß es nichts nützt, ein »schlaues« Buch zu kaufen, ein paar Seiten zu lesen und sich dann auf die »faule Haut« zu legen in der Erwartung, nun müsse sich ganz von selbst etwas ändern. –

Ich habe schon früh erkannt, daß es fast ausschließlich eigene Fehler sind, die zu Mißerfolgen führen. So versuchte ich, meine Fehler zu finden – ja, sie als Fehler überhaupt zu erkennen. Denn erst wenn wir sie als solche analysiert haben, können wir ihnen auch wirksam zu Leibe rücken und sie künftig weitgehend vermeiden.

Es gilt, faule Ausreden zu vermeiden. Selbstkritik dient der Erkennung eigener Fehler.

Im Bestreben ständiger eigener Rechtfertigung hat man ja nur zu leicht eine Menge Ausreden zur Hand.
Warum das so sein müsse, daß wir daran ja »eigentlich« auch gar nicht schuldig seien und daß es auch nicht anders ginge. Und andere wären ja schließlich auch so!

Damit wurde dann sonnenklar zum Ausdruck gebracht, daß man nicht bereit ist, die eigenen Fehler als solche anzuerkennen.

Und wenn schon, sie zu verharmlosen.

Wenn ich aber Zucker und Salz verwechsle, dann schmecken halt die Speisen nicht. Schuld ist daran nun nicht die Tatsache, daß sich beide sehr ähnlich sehen, sondern daß ich vor Gebrauch nicht den Finger hineinsteckte, um daran zu lecken!

Da ich im übrigen gerade vom Essen spreche, muß ich an den »Englischen Kuchen« von Anneli denken. Anneli ist nicht nur eine vorzügliche Mitarbeiterin. Sie backt auch den besten »Englischen Kuchen«, den ich je gegessen habe. Wobei sie vom Originalrezept ein wenig abweicht, als »dichterische Freiheit« sozusagen.

Der Kuchen jedoch, richtig zubereitet, ist – zeitgemäß ausgedrückt – »echt Spitze«! Versuchen Sie ihn selbst.

Hier ist das Rezept:

Zutaten:
½ Pfund Butter
½ Pfund Zucker
1 Päckchen Vanillezucker
1 Prise Salz
6 Eigelb und 6 Eiweiß
½ Pfund Mondamin
½ Pfund Mehl
1½ Päckchen Backpulver
75 g Rosinen (möglichst in Rum getränkt)
75 g gehackte Mandeln
100 g Zitronat
100 g kleingeschnittene, getrocknete Aprikosen
100 g kleingeschnittene bittere Schokolade
¼ Liter Rum (54 %)
Schokoladenguß (je nach Geschmack Vollmilch- oder Bitterschokolade)

Zubereitung:
Man rühre Butter, Zucker und Vanillezucker schaumig und gebe nach und nach das Eigelb und eine Prise Salz hinzu. Mehl, Mondamin und Backpulver werden vermischt und auf die schaumige Masse gesiebt. Dann füge man die Rosinen, die Mandeln, das Zitronat, die Aprikosen und die Schokolade hinzu und verrühre zusammen mit dem Rum die gesamte Masse. Das Eiweiß wird zu Eischnee geschlagen und man zieht es vorsichtig unter die Kuchenmasse.
Den Teig in eine gefettete, mit etwas Paniermehl ausgestäubte Kuchenform (Springform) füllen und im vorgeheizten Backofen auf der mittleren Schiene bei ca. 200/220 Grad etwa 90 Minuten backen. Den fertigen, abgekühlten Kuchen stülpt man aus der Form und überzieht ihn mit dem Schokoladenguß, der vorher nach Vorschrift im Wasserbad flüssig gemacht wurde.

Guten Appetit! –

Doch nun zum Thema zurück:

Ohne ein paar Grundsätze, die man sich zu Herzen nehmen sollte, geht's wirklich nicht. Die werde ich Ihnen erläutern, doch vorher will ich noch ein paar Feststellungen treffen:

»Des einen Eule ist des anderen Nachtigall.« Das heißt nichts anderes, als daß der eine etwas schön findet, was dem anderen ein entsetztes »Igittigitt« entlockt.

Deshalb sollte man ja auch nicht sagen: »Das ist schön!«, sondern »Das gefällt mir!« (»Erfolg – so nebenbei«, Seite 8).
Schließlich könnte ich jede Sorte Fisch essen,

während einer Freundin meiner Frau schon bei dem Gedanken übel wird.

So ist eine Sache an sich weder gut noch schlecht. Erst die Einstellung eines Menschen dazu läßt sie für ihn gut oder schlecht erscheinen.

Die meisten Menschen neigen dazu, sich selbst, ihren Geschmack, ihre Vorstellungen und ihre Gefühle als Maßstab für schön und häßlich, gut und böse zugrunde zu legen.

Auch kann ein und dieselbe Tätigkeit – als Arbeit verordnet – Mühe verursachen, als Sport – freiwillig betrieben – jedoch Freude bereiten.

Und noch etwas:
Es ist schon erstaunlich, daß wir uns immer wieder bemühen, Fehler bei anderen zu finden. Obwohl das nicht sonderlich schwierig ist. Doch was nützt uns das?!

Nehmen wir an, wir entdecken einen dicken Fehler bei einem Bekannten. Welche Macht haben wir, ihm den abzugewöhnen? – Gar keine, denn abgewöhnen kann man sich nur selbst etwas!

Warum gegen Mauern anrennen? Gehen wir doch den Weg des geringsten Widerstandes!

Daraus wiederum ergibt sich, daß wir den größten Einfluß eben nicht auf andere haben, sondern auf uns selbst. Wenn wir etwas tun wollen, was wir können – wer sollte uns daran hindern.

Fangen wir bei uns selber an!

Es lohnt sich daher, Fehler bei der eigenen Person zu suchen. Die meisten davon können wir uns spielend abgewöhnen – wenn wir wollen. Bei anderen führen kritische Bemerkungen eher zum Gegenteil:

Selbst wenn man einsieht, daß man im Unrecht ist, stellt man sich lieber stur, als den Fehler einzugestehen.

Merken wir uns also:

Den größten Einfluß haben wir auf uns selbst und nicht auf andere

Nutzen wir ihn! –

Sollten Sie jetzt aus dem Thema »Mühelos erfolgreich sein« schließen, daß Erfolge so ganz von selbst eintreten, dann wäre das ein Trugschluß. Wie schon gesagt, leben wir nicht im Schlaraffenland.

Natürlich gibt es Ereignisse, die einen Erfolg fördern oder auch verhindern können. In jedem Fall aber ist es besser, selbst Hand anzulegen, als auf das sogenannte Glück zu hoffen.

Ob Sie den Weg zum Erfolg nun als mühevoll empfinden, kommt dabei in erster Linie auf Ihre Vorstellungen und Gefühle an. Wenn Sie sportliche Maßstäbe anlegen, wird von Mühe vermutlich keine Rede sein.
Dann kann die Sache sogar richtig Spaß machen!

Fünf Grundsätze sind dabei zu beachten:

Man muß
1. genau wissen, was man sich unter dem Begriff »Erfolg« vorstellt,

2. seine Fähigkeiten ehrlich und real einschätzen,

3. den Weg zum Ziel sorgfältig planen,

4. dann auch frisch ans Werk gehen und

5. Rückschläge als selbstverständlich voraussetzen, aus ihren Ursachen lernen und unverdrossen weitermachen.

Wie das Wort »Erfolg« schon sagt, folgt da etwas. Also ist auch etwas vorausgegangen.

Nehme ich Zucker für den Pudding, stimmt das Ergebnis. Bei Salz ist die Voraussetzung falsch – also kann auch das Ergebnis kein Erfolg, sondern nur ein Mißerfolg sein.

Und nun wollen wir uns mit den fünf Grundsätzen mal etwas ausführlicher befassen:

Zu 1: Man muß genau wissen, was man sich unter dem Begriff »Erfolg« vorstellt.
In der Tat beklagen sich viele Menschen, sie seien vom Pech verfolgt.
Sie könnten anfassen , was sie wollten, alles ginge schief.
Sie kämen einfach auf keinen grünen Zweig.
Außerdem erreichten nur die etwas, die buckeln und schmieren würden.

Ihr wahres Talent sei unentdeckt, ihr Können würde nicht anerkannt und außerdem sei die Welt einfach ungerecht (was ja leider auch in vielen Fällen zutrifft!).

Andere, die mehr erreicht haben, hätten das nur ihren guten Beziehungen zu einflußreichen Leuten zu verdanken.

Diese Sorte Mensch ist permanent unzufrieden und neidisch auf alle, denen es besser geht.
Von Selbstkritik haben diese Leute nie etwas gehört.

Keinesfalls haben sie je den Versuch unternommen, herauszufinden, wie weit sie an ihrer Situation selbst schuld oder wenigstens mitschuldig sind.

Geht man der Sache auf den Grund, stellt sich schnell heraus, daß sie sich unter ihrem Lebenserfolg konkret nichts vorstellen können. Sie wollen zwar weiter, wissen jedoch nicht so recht wohin!

Solange ich aber mein genaues Ziel nicht kenne, ist jegliches Erfolgsstreben unsinnig und unnütz. Die nebelhafte Vorstellung, daß es mir allgemein besser gehen sollte, ist einfach unzureichend.

Aus dem Berufsleben gibt es unzählige Beispiele. Nun kann man da ja auch besonders viel falsch machen. Woher soll der junge Mensch denn auch wissen, welcher Beruf für ihn der richtige ist? Da ist er doch auf den Rat anderer angewiesen, möchte sich möglichst seinen Traum erfüllen und muß sich im Endeffekt sehr oft nach den Möglichkeiten richten, die ihm geboten werden.

So merkt mancher erst viel später, daß er auf dem falschen Pferd sitzt.

Nun ist es wieder eine Frage der Veranlagung, ob und wie weit man sich damit abfinden kann und will.
Wenn ja – gibt's keine Probleme.
Wenn nein – dann beginnen die Schwierigkeiten.
Dann gibt es nämlich die berühmten »zwei Sorten« Menschen: die einen, die unzufrieden sind mit »Gott und der Welt«, die andere anknurren und ihnen das vermeintlich bessere

Los nicht gönnen und die anderen, die ernsthaft bemüht sind, alles zu tun, um ihre Situation zu ändern und zu verbessern.

Für die letzteren gilt es, sich zuerst über sich selbst Klarheit zu verschaffen.
Eine Plus-Minus-Liste ist dafür die beste Möglichkeit: Wer bin ich? Wie alt bin ich? Was habe ich gelernt?
Welche Begabungen habe ich? Wofür eigne ich mich besonders?

Wer etwas verändern will, muß sich erst Klarheit über die »Ist-Situation« verschaffen.

⊕ *Meine guten Seiten*	⊖ *Meine schlechten Seiten*
Ehrlich	*Empfindlich*
Großzügig	*Nicht ausdauernd*
Fleißig	*Bin nachtragend*
....	....
....	....

⊕ *Was ich gut kann*	⊖ *Was ich nicht gut kann*
Mit Menschen umgehen	*In geschlossenen Räumen arbeiten*
Reden	*Rechnen und mit Zahlen umgehen*
Autofahren	*Morgens früh aufstehen*
Zuhören	
....	....
....	....

Wofür weniger? Was sind meine Vorzüge? Was meine Nachteile?

Und damit wären wir bei Punkt 2, nämlich der ehrlichen und realen Einschätzung der eigenen Fähigkeiten.

Die wichtigste Frage ist die nach meinen natürlichen Grenzen. Wir Menschen leiden nämlich darunter, andere zu unter-, uns selbst aber zu überschätzen!

So erreichen viele ihr Ziel, selbst wenn sie es genau kennen, nicht, weil ihnen dazu einfach die nötigen Fähigkeiten fehlen.
Was sie natürlich nicht einsehen.

Viele von uns könnten viel glücklicher sein, wenn sie sich nur erreichbare Ziele stecken würden. Wir alle brauchen eben unsere Erfolgserlebnisse. Stecken wir die Ziele aber zu hoch, höher als unsere Fähigkeiten das zulassen, werden wir sie nie erreichen.
Dann kommen wir nicht zum gewünschten Erfolg.

Darum gilt die wichtige Regel:

Eine leichte Aufgabe zu lösen ist besser, als bei einer schwierigen zu versagen.

Lieber ein Ziel niedriger stecken, Erfolg haben und glücklich sein, als es zu hoch stecken und ein Leben lang erfolglos und unglücklich zu sein.

Wer mehr kann, hat auch mehr Chancen

Und es steht fest, daß der, der seine Grenzen klar erkennt und sich weniger hohe Ziele steckt, ungleich höhere Chancen hat, zu befriedigenden Erfolgen zu kommen.

Ein weniger hohes Ziel erreicht man leichter

Nun muß – Punkt 3 – der Weg zum Ziel sorgfältig geplant werden.

Dann sollte man – Punkt 4 – ohne zu zögern ans Werk gehen.

Kleine Mißerfolge dürfen uns dabei nicht entmutigen – Punkt 5! Wir werden aus ihnen lernen und konsequent weitermachen.

Der Kluge lernt aus seinen Mißerfolgen.

»Richtige Rechnung = Erfolg
Falsche Rechnung = Mißerfolg«
wie Oscar Schellbach schon so treffend sagte.

Erfolg wird haben, wer mehr als andere richtig macht

Natürlich ist das nicht so einfach. Aber was ist schon einfach im Leben. Wir sollten uns dazu ein paar Grundsätze merken:

1. Es gibt für den Erfolg kein Patentrezept, das jedermann gleichermaßen anwenden könnte.
2. Die Erzählung vom Schlaraffenland ist ein Märchen.
3. Karajan war ein musikalisches Talent, ehe er Dirigent wurde.
4. Erfolgreiche Menschen sind fleißig, obwohl nicht alle fleißigen Menschen Erfolg haben.
5. Es ist dumm, den Walfang zu erlernen, wenn man in der Wüste lebt.
6. Die Umstände richten sich nicht nach uns – wir müssen uns nach den Umständen richten.

7. Der hat die größeren Chancen, der das tut, was er besonders gut kann.
8. Wer viel tut, kann viele Fehler machen;
wer wenig tut, kann nur wenige Fehler machen;
wer nichts tut, kann auch keine Fehler machen;
doch der wird am ehesten anderen ihre Fehler vorhalten.
9. Die meisten Fehler sind vermeidbar.
10. Hartnäckigkeit und Beharrlichkeit sind genauso wichtig wie Intelligenz.

Der Erfolg ist im übrigen eine Summe aus Teilerfolgen. –

Das ist es: Nur nicht zu früh aufgeben. Meistens lohnt es sich, es nochmal zu versuchen.

Über Mißerfolge sprachen wir ja schon.
Dem Klugen dienen sie, um aus ihnen zu lernen und als Anregung, es gleich noch einmal zu versuchen.
Und wenn der nächste Versuch nicht klappt, dann wird's der übernächste ganz bestimmt.
Übrigens kann auch nur der einen Mißerfolg haben, der es vorher versucht hat.

Also – ab sofort werden wir uns bemühen, Mißerfolge zu vermeiden. Tritt trotzdem einer ein – nehmen wir's lässig.

Nun ist es ja auch durchaus legitim, erfolgreicher sein zu wollen als andere. Im Sport will man schließlich auch gewinnen.
Außerdem siegt man ja nicht so zufällig.
Da muß vorher schon hart trainiert werden.
Das wiederum kann Spaß machen.
Man muß nur wissen, wofür man's tut!

Außerdem sind wir Menschen nun mal nicht gleich. Also haben wir auch nicht gleiche Chancen. Da muß sich der eine – will er das

Gleiche erreichen – schon mehr anstrengen als der andere.

Trotz aller Anstrengungen aber wird er dann nicht zum Ziel kommen, wenn seine Fähigkeiten dazu nicht ausreichen. Richtig angefangen, sind Erfolge jedoch weitgehend programmierbar.

Wobei natürlich jeder das Recht hat, sich unter seinem Erfolg etwas anderes vorzustellen.

Unbedingte Voraussetzungen dafür aber sind:
- Ehrliche Selbsteinschätzung der eigenen Fehler und Vorzüge, Fähigkeiten und Kenntnisse und Charaktereigenschaften,
- Liebe zu den Mitmenschen und viel Verständnis für sie,
- Selbstbescheidung auf Ziele, die auch wirklich erreichbar sind,
- Fleiß, Mut, Optimismus und eine in jeder Beziehung positive Lebenseinstellung.

Ach ja, was ich sagen wollte:
Natürlich kann man auch andere über- und sich selbst unterschätzen.
Doch ist es wohl leichter, sich Mut anzugewöhnen, als Übermut abzugewöhnen.
Oder?! –

ZUSAMMENFASSUNG :

- Beispiele der Technik auf uns anwenden (Hebel)
- Jeder hat Sehnsucht nach besonderem
- Selbsteinschätzung
- Richtige Zutaten
- Fünf Grundsätze (1. was Erfolg 2. Fähigkeiten 3. Ziel 4. Tun 5. Rückschläge)
- Erfolg = Summe der Teilerfolge

Richtig machen – aber wie?

Es ist leichter, diese Frage zu stellen, als sie zu beantworten. Denn wer sagt einem zuverlässig, was richtig und was falsch ist?

Wer sich die Frage jedoch stellt, hat damit einen ganz wichtigen Schritt getan:
Er hat sich entschlossen, die Antwort nicht dem Zufall zu überlassen.

Wir wissen, daß »richtig« und »falsch« Begriffe sind, die man nur situationsbezogen anwenden kann.
Es gibt einfach keine Patentrezepte, die bei jeder Gelegenheit automatisch zum Erfolg führen.
Was im Sommer richtig ist, kann im Winter falsch sein.
Was den einen zum Lachen bringt, bringt den anderen zum Weinen.
Was in kleinen Mengen heilt, kann in großen Mengen töten. –

Was also ist zu tun?

Viele Wege führen nach Rom – ebenso viele zum Erfolg

Nun denkt man ja bei einem Weg, den man vor sich hat, unwillkürlich an seine Länge und Beschaffenheit. Daran, daß er steil, steinig und beschwerlich sein kann. Das nimmt manchem von uns den Mut und einigen – schlicht gesagt – die Lust.

Erfolg – ja!
Aber warum muß der so schwer zu erreichen sein?!

Nun, das muß nicht so sein, aber ganz ohne unser eigenes Dazutun geht es wirklich nicht.

Wer die Frage nach dem »Wie« gestellt hat, wird auch bereit sein, die Antwort zu begreifen und die richtigen Wege zu gehen.

Damit der von uns erstrebte Erfolg eintritt, müssen wir alles, was dazu gehört, richtig machen. Wenn zehn Zutaten einen für unseren Geschmack guten Kuchen ergeben, darf man halt nicht eine Zutat verwechseln. Beispielsweise statt Mehl Gips nehmen. Lachen Sie ruhig – aber habe ich etwa unrecht?

Sie kennen doch den Spruch:
»Eine Kette ist nur so stark wie ihr schwächstes Glied«. Haben Sie mal darüber nachgedacht,

Schon ein billiger Nagel genügt, um aus einem teuren Reifen die Luft entweichen zu lassen.

was dieser Spruch dem Erfolgssuchenden sagt? Dabei ist die Kette wie immer nur ein Beispiel.

Eine Fahrradkette, nehmen wir einmal an. Ich habe wirklich nicht nachgezählt, aber setzen wir einmal voraus, sie bestünde aus hundert Gliedern. Eines davon ist zu schwach oder defekt. Sie steigen voll in die Pedale und es macht »peng«. Was hat es genützt, daß die restlichen 99 Glieder in Ordnung waren?

Was bringt es, wenn von 10 Zutaten beim Kuchenbacken nur 9 richtig sind?

Erfolgreich sein heißt, alles richtig zu machen, und da nicht alle Aufgaben schwierig sind, lassen sich Erfolgserlebnisse durchaus leicht erzielen.

Fangen wir doch mit einfachen Aufgaben an. Die Chance, dabei Erfolg zu haben, ist recht groß. Erfolge aber – und seien sie noch so klein – sind und bleiben Erfolge.

Sie zeigen uns, daß unser Weg richtig ist.
Sie geben uns das notwendige Selbstvertrauen.
Sie machen uns Mut zur Bewältigung größerer Vorhaben.

Wer aber Mut hat und weiß, daß er etwas schaffen kann, wenn er nur will, der hat den zweiten großen Schritt getan auf dem richtigen Wege.

Wer das verstanden hat, wird allein dadurch mehr Sicherheit gewinnen bei der Antwort auf die Frage:

»Was ist richtig – was ist falsch?«

Und denken Sie immer daran:

Probieren geht über Studieren

Wer es mit der nötigen Hartnäckigkeit immer wieder versucht, dabei aus seinen Fehlern lernt, ist schon stark »erfolgsverdächtig«.

Zusammenfassung:

- Richtig u. falsch sind nur situationsbezogen anzuwenden
- Alles richtig machen – wie beim Kuchen (Zutaten)
- Im KLEINEN erfolgreich sein
- Ausdauer

Fehler vermeiden

Ja, das ist schon ein Unterschied:

Etwas falsch machen oder eine falsche Handlung unterlassen.
Ein gewichtiger sogar.

Sehr oft wird man zwar nicht wissen, was richtig ist. Aber was falsch ist, das weiß man genau.
Trotzdem gibt es immer wieder Leute, die es doch versuchen.
»Es hätte ja gutgehen können!«
Und eben das ist das Falsche an der Sache.
Etwas Falsches doch zu tun!

Merken Sie sich den Leitspruch:

Im Zweifelsfalle nie

Unnötige Risiken lohnen sich nicht.

Und das gilt nicht nur für den Straßenverkehr, beim Überholen beispielsweise.
Nein, das gilt immer und überhaupt, außer Sie würden es lieben, ein unkalkulierbares Risiko einzugehen. Und damit Gefahr zu laufen, voll »auf den Bauch« zu fallen.

»Im Zweifelsfalle nie!«
Das ist eine enorm wichtige Grundregel für den Erfolgssuchenden. Sie ist leichter zu befolgen, als mancher glauben mag.

Fehler zu machen, setzt in den meisten Fällen eine Handlung voraus, der wiederum ein Entschluß vorangegangen sein muß.
Davor steht die Überlegung.
(Natürlich kann es auch oft falsch sein, eine notwendige Handlung zu unterlassen.)

Aber überlegen Sie doch mal, wie oft Sie sagen: »Verflixt, da habe ich einen Fehler gemacht!« Da haben Sie vermutlich vorschnell oder unüberlegt gehandelt. Und das eben hätten Sie lassen sollen. –

Der Zweifel ist die warnende Stimme des Gewissens.

Ein weiterer wichtiger Schritt zu Ihrem Erfolg ist daher der, erst einmal so viele Fehler zu vermeiden wie nur möglich. Einen Fehler zu unterlassen, ist immer richtig, auch wenn allein dadurch manches Problem noch nicht gelöst werden kann. So wird es aber wenigstens nicht schlimmer.

Denken Sie mal darüber nach. Und beschließen Sie, ab sofort über alles etwas gründlicher nachzudenken. Hören Sie dabei ruhig auf Ihr Gewissen. Wenn die innere Alarmglocke schrillt, wäre ein »Trotzdem« durchaus als leichtfertig zu bezeichnen.

Mit diesem Rat will ich Sie nun keinesfalls auffordern, künftig der große »Zauderer« zu sein.

Jede noch so kleine Handlung ist besser als die größte Rede

Aber überlegt will sie sein!

Gedankenlosigkeit führt zu Mißerfolgen.

Und so werden Sie mehr Sicherheit gewinnen. Sie werden feststellen, daß ein oft nur kleiner Gedankenvorgang genügt, Ihnen Fehler und den damit verbundenen Ärger zu ersparen.

Gründliches Denken hilft, Fehler zu vermeiden

So häufen sich die Erfolgserlebnisse, und Sie gewinnen an Selbstsicherheit hinzu.

Auch die ersten Glücksgefühle stellen sich ein, denn Sie haben durchaus Grund, schon ein wenig stolz auf Ihre Erfolge zu sein.

Vergessen Sie aber nicht, daß erst der einen guten Kuchen backen kann, der alle Zutaten kennt.
Und lassen Sie sich bitte nicht von meinem Hinweis abschrecken, daß selbstverständlich die Zutaten allein noch keinen Kuchen ausmachen.

Das Mischen und Rühren, die richtig eingefettete Form, die Temperatur des Backofens – alles will gekonnt sein. Und wer den fertigen Kuchen aus dem Ofen nimmt und auf den Tisch knallt, wird unter Umständen sein blaues Wunder erleben.

Man kann einen teuer erarbeiteten Erfolg auch durch eine ungeschickte »Nachbehandlung« wieder kaputtmachen.

Mein Vater sprach dabei von dem Manne, der das, was er mit seinen Händen sorgfältig aufbaute, anschließend mit dem Hintern wieder umstieß!

Aber das könnte uns selbstverständlich nicht passieren. –

ZUSAMMENFASSUNG:

- Im Zweifelsfall NIE
- Soviel Fehler vermeiden wie möglich!
- ab sofort gründlicher NACHDENKEN

Auch Du kannst glücklich sein

Ja, und das ist gar nicht so schwer!
Man muß sich nur bescheiden können, sich mit dem zufrieden geben, was erreichbar ist.

Zum Thema »Glück« habe ich mich ja bereits in »Erfolg – so nebenbei« geäußert (Seite 113). »Glück« unterstellt man dem Erfolgreichen, während man eigenes Versagen als »Pech« bezeichnet. Damit ist man dann immer entschuldigt.

»Glücklich sein« und »Glück haben« sind jedoch zwei Sorten Bier. Bleiben wir hier doch mal bei der ersteren. Glücklich sein ist eine Sache des Gefühls und der Stimmung.

In der Tat könnten viele Menschen viel öfter viel glücklicher sein. Woran mag es wohl liegen, daß sie es nicht sind? Vielleicht daran, daß sie tatenlos darauf warten, daß das Glück – was immer sie auch darunter verstehen – endlich zu ihnen kommt. So wie im Schlaraffenland die gebratenen Tauben, die einem, wenn man den Erzählungen glauben kann, ins Maul fliegen. So warten und warten sie oft ein Leben lang vergeblich.

Das Glück, durch eine gute Fee überbracht, steht in der Fantasie viel zu vieler Menschen plötzlich vor der Tür und überrascht die Ahnungslosen.

Das Glück – was soll das sein?
Eine Erbschaft beispielsweise? Da müßte aber doch irgendwo vorher ein reicher Verwandter gelebt haben.
Oder ein Riesengewinn im Lotto? Möglich, gewiß.

Ich kenne aber ungleich mehr Leute, die schon 20 Jahre spielen und dabei nicht einmal ihren Einsatz herausbekommen haben.
Die sind jetzt 20 Jahre älter und warten immer noch vergeblich.

Glücklich zu sein, ist jedoch keine Frage des Zufalls, sondern der inneren Einstellung.
Vielleicht stellt man einfach zu hohe Anforderungen an das Leben, die sich nicht verwirklichen lassen.
Eben das aber wird kaum oder gar nicht eingesehen.

Klar kann man vieles, wenn man es nur will.
Und das »Wollen« spielt auch hierbei eine große Rolle.

Zwischen dem Wunsch und seiner Erfüllung aber liegt die Handlung. Denn von nichts kommt nichts!
Wie viele von uns haben zwar Wünsche, tragen jedoch zu deren Erfüllung nicht das Geringste bei.
Und dann beklagen sie sich, sie hätten kein Glück.
Neiden aber gleichzeitig anderen ihren sauer erarbeiteten Erfolg, den sie dann fälschlicherweise als »Glück« bezeichnen.

Wenn Sie zum Beispiel beim spannenden Fernsehkrimi auf dem Sessel liegen und frieren, weil das Fenster offen steht, dann ist es »Glück«, wenn jemand hereinkommt, der es schließt. Wenn nicht, müssen Sie schon selber aufstehen – oder eben weiterfrieren.

Wer die Ärmel hochkrempelt und selber zupackt, der muß nicht auf den Zufall warten.

Aus diesem kleinen Beispiel ist ersichtlich, daß sich viele Wünsche leichter erfüllen lassen, wenn man selber Hand anlegt. Oder man muß seine Vorstellungen reduzieren, worauf ich gar nicht oft genug hinweisen kann. In beiden Fällen hat man Chancen, sich wohl zu fühlen – glücklich zu sein.

Auch den lieben Gott sollte man dabei nicht überfordern! »Bitte, lieber Gott, ...« so fängt manches Gebet an. Doch Gott hilft dem Tüchtigen.
»Hilf Dir selbst, dann hilft Dir Gott!«

Natürlich wird durch ihn vielen in der Not geholfen. Doch der Herr darf von uns nicht als Schlaraffenlandersatz angesehen werden.

Wer eine Bitte an ihn richtet und erwartet, sie müsse unverzüglich erfüllt werden, hat doch wohl nicht die richtigen Vorstellungen. –

Zum Glücklichsein gehört eine positive Lebenseinstellung. Und die Erkenntnis, daß es ohne den festen Willen dazu nicht geht.

Wer wirklich glücklich sein will, sollte gleich mit der Verwirklichung beginnen. Am Anfang steht ein Leitsatz, der einfach klingt und verständlich ist:

Ich will glücklich sein

Ja, diesen Satz müssen Sie sich einprägen, ihn immer wieder sprechen – laut oder nur in Gedanken – gleich wo Sie sind.

Schreiben Sie ihn sich auf und lesen Sie ihn immer wieder. Tragen Sie ihn zum Wochenbeginn in Ihren Kalender ein als Leitspruch für die ganze Woche.
Stellen Sie ihn auf Ihren Nachttisch und lesen Sie ihn vor dem Einschlafen und nach dem Aufwachen.

So wird Ihre Bereitschaft zum Glücklichsein ständig wachsen und bald werden Sie merken, daß Sie wirklich glücklich sind. Dann dürfen Sie mit vollem Recht den Leitsatz aller Glücklichen für sich in Anspruch nehmen:

Ich bin glücklich

Glück – ein wunderbares Wort für ein Gefühl innerer Ausgeglichenheit, der Freude, der Zufriedenheit.

Und das ist auch das Geheimnis: Ein Gefühl! Eine Situation, ein Zustand allein ist für uns Menschen nicht wichtig, sondern nur, was wir darüber denken, was wir dabei empfinden.

Das »Gefühl«, glücklich zu sein, ist unabhängig von der Situation, in der wir uns gerade befinden, von den Verhältnissen, in denen wir leben.
Unabhängig davon, wie das Wetter ist und womit wir uns gerade beschäftigen.

Das Gefühl ist für uns wichtiger als die tatsächliche Situation.

Das »Gefühl« des Glücks ist ein »Ja« zu unserem Istzustand, ein »Ja« zu uns selbst. Eine Stimmung des Frohsinns trotz eventueller nicht zufriedenstellender Verhältnisse, ein Bescheiden auf das Machbare, das Mögliche. Sich trotzdem glücklich zu fühlen.

Nur darf mein Glück nicht auf Kosten anderer gehen. So wie die Freiheit des einen spätestens vor der Haustür des anderen endet.

Glück kann auch der empfinden, der andere glücklich macht. Dazu gehört allerdings eine ehrliche Liebe zu seinen Mitmenschen. Und Interesse natürlich – sowie Aufmerksamkeit.

Wer einmal die glücklichen Augen eines Kindes sah, dem ein Herzenswunsch erfüllt wurde, weiß, wie glücklich man selbst sein kann, wenn man anderen eine Freude bereitet hat.

Doch leider ist die Gabe, andere glücklich zu machen, vielen von uns nicht beschert. Wer von ganzem Herzen bereit ist, einem anderen eine Freude zu machen, wird dabei sich selbst in den Hintergrund stellen. Er wird alles für den anderen tun, was in seinen Kräften steht, auch dann, wenn es ihm selbst schwer fällt.
Doch wer tut das schon?!

Mancher wird denken: »Was habe ich denn davon?«
Oder: »Nein, das macht mir aber gar keinen Spaß, das mag ich nicht!«

Wenn wir aber wirklich dem anderen zuliebe auf eine eigene Freude verzichten oder uns überwinden, ihm einen Wunsch zu erfüllen, der unserem Geschmack ganz und gar nicht entspricht, dann tun wir etwas wirklich Großes.

Die Freude des anderen wird uns, wenn wir das wirklich schaffen, belohnen und sein Glück wird uns glücklich machen.
Ich muß allerdings gestehen, daß ich nur wenige Menschen kenne, die dazu in der Lage sind. Leider!

Doch wer selbst Freude empfängt, wer Liebe, Freundschaft und Verständnis bekommt, der wird eher dazu bereit sein, all das auch anderen zu geben.

Wer Freude gibt, wird Freude empfangen

Wer bei anderen nur Schlechtes sucht, der wird auch selbst stets unzufrieden sein.

Ja, es gibt viele Möglichkeiten, glücklich zu sein.
Doch wird nur der es erreichen, der die innere Einstellung dazu hat.

Sie kennen doch die Herren »Positiv« und »Negativ« aus meinem Buch »Der Wesensstern«*) (Seite 160).
Es gibt erschütternd viele »Negativlinge«, die ständig nörgeln, denen an allen anderen nur das Negative auffällt, die jedem nur Schlechtes unterstellen.
Sie scheinen sich für nichts anderes zu interessieren.
»Die gelben Blumen unserer Nachbarin finde ich häßlich« statt »Die roten sehen aber gut aus!«

»Kaum ist der erste Sonnenstrahl zu sehen, schon liegt die alte Ziege wieder auf dem Balkon.
Die hat wohl nichts zu tun!« statt »Sieh mal, die Ulrike liegt schon in der Sonne – wie schön. Das wird ihr sicher guttun!«

Diese Menschen scheinen nur zufrieden zu sein, wenn sie mit irgend etwas unzufrieden sein können. Die schlechteste Voraussetzung für ein wahres Glück! Wer so veranlagt ist, wird's wahrhaft schwer haben. Doch unheilbar ist auch er nicht.

Und sollten Sie sich jetzt gerade angesprochen fühlen, dann lesen Sie doch dieses Kapitel einfach noch einmal, denn – bitte verzeihen Sie mir die vertraute Anrede – auch Du kannst glücklich sein!

Zusammenfassung:
- Glücklichsein = Sache des Gefühls, der inneren Einstellung
- Andere glücklich machen
- Dankbar für Andere sein!

Erst denken – dann handeln

Sie sollten sich diese Reihenfolge merken, egal, was Sie tun.

Natürlich ist das Denken so eine Sache für sich, die geübt werden muß.
Sonst können schon recht eigentümliche Ergebnisse dabei herauskommen.

Nun ist es ja nicht so, als ob man es nicht wüßte, daß man bisweilen denken muß. Doch wissen die wenigsten, daß richtiges Denken außer Übung auch Konzentration erfordert und vielfach erst erlernt werden muß.

Auch richtiges Denken will gelernt sein.

Sie wissen ja, daß der, der sagt »Aber ich hatte gedacht ...«, durch falsches Denken auch zu falschen Schlüssen gekommen ist.
Wer nicht denkt, kann die größten Fehler machen.
Wer denkt – auch! Denn Denken muß nicht automatisch in die richtige Richtung führen.
Wenn jedoch die Voraussetzungen stimmen, nimmt die Wahrscheinlichkeit zu, daß der Denkprozeß zu einem brauchbaren Ergebnis führen wird.

Hier sind einige Tips:

1. Was wollen Sie erreichen? Was ist Ihre Minimalerwartung, was die maximale? (Siehe »Der Wesensstern«*) Seite 64–73)

2. Klären Sie die Voraussetzungen. Was ist los? Wovon müssen Sie ausgehen?

3. Welche Wege führen zum Ziel? Wodurch unterscheiden sie sich? (Vor- und Nachteile)

4. Was könnte Ihr Vorgehen benachteiligen, was könnte es begünstigen?

5. Was ist sonst noch zu berücksichtigen?

6. Spielen Sie den »advocatus diaboli«. (Redensart, lateinisch: Anwalt des Teufels)

7. Schreiben Sie alles auf.

Wenn Sie alle Punkte beachten, haben Sie gute Chancen, richtig zu denken. Verlassen Sie sich aber nicht darauf, daß meine vorstehenden Tips einer Schablone gleichen, die Sie immer wieder gleichmäßig anwenden können.

Beachten Sie vor allem den Punkt 5 und sagen Sie nicht leichtfertig: »Das wär's dann wohl. Mehr fällt mir nicht ein!«
Angestrengtes Nachdenken hat schon manchem urplötzlich zu einer guten Idee verholfen.

Nicht leichtfertig sein. »Das wird schon gutgehen« ist eine gefährliche Annahme.

Schreiten Sie jedoch niemals zur Tat, bevor Sie nicht den »advocatus diaboli« gespielt haben. Sie übernehmen hierbei die Rolle, sich selbst zu überlisten, Schwachstellen in Ihrem Plan zu suchen und womöglich auch zu finden. Eine im Patentwesen und in der Juristerei zur Tagesordnung gehörende Übung. Gelingt es mir, mein eigenes Patent zu umgehen, wird das auch wohl anderen gelingen. Schaffe ich das trotz größter Anstrengung nicht, haben vermutlich auch andere kaum eine Chance.

Nur darf die Überprüfung nicht unter dem Motto stehen: »Die Sache wird schon gut sein. Vermutlich finde ich ja doch keine Schwachstelle!«
Das wäre eine gefährliche Voraussetzung!

Richtiges Denken ist übrigens kein »Einmalprozeß«. Damit will ich sagen, daß wir die folgende Handlung durch ständiges Mitdenken begleiten müssen.

Jeder Handlungsabschnitt muß durch eine Gedankenkontrolle bestätigt oder verworfen werden.

Nur so kann richtiges Denken auch richtiges Handeln nach sich ziehen.

Richtiges Denken und Handeln führen zum Erfolg

Wichtig:
Unterstützen Sie den Denkprozeß durch Schreibblock und Stift.
Nur was Sie aufzeichnen, wird Ihnen klarmachen, was richtig und was falsch ist.
Es ist übrigens viel leichter, etwas Geschriebenes zu beurteilen.
Ob es vollkommen ist, oder ob etwas fehlt.
Ob es mir gefällt, oder ob ich es lieber ändere.
Außerdem vergesse ich nichts, wenn's auf dem Papier steht.
Und es ist eine gute Gedankenstütze auch am nächsten Tag.
Und eine ständige Erinnerung.

Und nun kann ich nur noch hoffen, daß Sie künftig ohne den Satz »Daran habe ich wirklich nicht gedacht!« auskommen und auch nicht mehr sagen müssen:
»Aber ich hatte gedacht . . . !«

Wenn Sie sagen: »Genau das habe ich gedacht!« – dann haben Sie es geschafft.

Jedenfalls, was dieses Thema betrifft.

Zusammenfassung:
- Erst DENKEN, dann handeln
- Tips berücksichtigen
- Alles aufschreiben
- Richtiges DENKEN zieht richtiges Handeln nach sich!

Vorurteil, Urteil und Nachurteil

Wenn ein Richter ein Urteil verkündet, ging im Regelfalle eine Verhandlung voraus. Außerdem gibt es einen Angeklagten, dem irgend etwas vorgeworfen wird, was er auch getan hat oder nicht.
Der Staatsanwalt klagt an, der Verteidiger sagt, das sei alles ganz anders, Zeugen treten auf, und nach einem mehr oder weniger kurzen oder langen Prozeß verkündet dann der Richter das Urteil. Der Angeklagte wird schuldig oder freigesprochen. Das ist er dann auch im Sinne des Gesetzes. Ob er das selbst auch immer so sieht, ist eine andere Sache.

Daß die ganze Geschichte nicht so einfach ist, wie ich sie hier ein wenig fernsehkrimihaft dargestellt habe, möge mir die ehrbare Justiz verzeihen.

Ich wollte aber auf etwas ganz anderes hinaus und brauchte dafür ein Beispiel. Es geht mir um die Urteile, die wir Menschen ständig fällen, wenn wir anderen begegnen. Und die meistens die juristischen Vorschriften nicht annähernd erfüllen.

Der Angeklagte ist allerdings ständig vorhanden. Die Rolle des Staatsanwaltes pflegen wir selbst zu übernehmen. Wir finden todsicher genügend Anlässe, dem Opfer kräftig am Zeuge zu flicken. Und »Zeugen der Anklage« gibt es wie Sand am Meer.

Im Schimpfen sind wir uns stets einig

Dabei übertreffen wir uns förmlich.
Jedem fällt noch etwas ein, was dem »Angeklagten« anzulasten ist.

Ein Verteidiger allerdings fehlt üblicherweise in diesem Spiel. Dafür pflegt sich nur äußerst selten einer herzugeben.
Zugegeben – er hätte es ja auch nicht leicht, denn das Urteil steht ja von vorneherein fest: Schuldig!

Ach ja, die Rolle des Richters haben wir selbstverständlich auch uns selbst vorbehalten. Das lassen wir uns doch nicht nehmen! –

Fehlurteile sind gerichtlicherseits trotz größter Bemühungen leider nicht immer auszuschließen. Sie kommen (Gott sei es gedankt!) jedoch nur selten vor. Jedenfalls in den Ländern, die für ihre ehrbare Gerichtsbarkeit bekannt sind.

Siehe auch »Erfolg – so nebenbei«, Seite 10

Bei uns, die wir fast täglich Richter spielen, sieht das allerdings ganz anders aus.
Sehr viele unserer Urteile sind falsch.
Weil uns dabei die Tatsachen ebensowenig

interessieren wie die Gründe, die für das Verhalten des anderen ausschlaggebend sind. Uns interessiert einzig und allein der Maßstab, den wir zu setzen pflegen. Wir messen den anderen mit unserem Maß, wir beurteilen ihn nach unseren Vorstellungen und lassen uns dabei von Emotionen leiten.

So kann unser Urteil richtig sein, den Voraussetzungen entsprechend eher jedoch falsch.

Ein Urteil ist ein Schiedsspruch.
Ihm liegt eine Entscheidung zugrunde.
Das Scheiden zwischen Spreu und Weizen, zwischen Böse und Gut.

Scheiden heißt trennen:
»Die Guten ins Töpfchen, die Schlechten ins Kröpfchen«, wie es im Märchen so schön heißt.

Es muß also gut überlegt sein, was man nach links und nach rechts legt. Man muß es genau betrachten und im Zweifelsfall seine Überlegung wiederholen.

Wer vorschnell urteilt, kann anderen bitter unrecht tun.

Wer urteilt, ohne seine Meinung genau überprüft zu haben, ob sie auch hieb- und stichfest ist, urteilt leichtsinnig, ja fahrlässig. Er urteilt zu schnell.

Das Vorurteil ist ein typischer Fall dafür.

Man sieht einen Menschen und sagt: »Den mag ich nicht!« Später stellt sich dann heraus, daß der Besagte ein Pfundskerl ist. Vorausgesetzt, man ist so ehrlich, sein Vorurteil aufzugeben.

Interessant ist auch die Tatsache, daß man einen zurückhaltenden, würdevoll auftretenden Menschen eher für eine bedeutende Persönlichkeit hält als einen, der lustig ist, sich lässig und locker gibt, immer zu Späßen aufgelegt ist und selbst bei angestrengter Arbeit seinen Humor nicht verliert. Dem Letzteren, der sich nach getaner Arbeit einfach nur entspannen möchte, traut man oft nicht zu, daß er zu großen Leistungen in der Lage ist. Vielfach ein Zeichen eigener Verklemmung und fehlender Menschenkenntnis.

Man urteilt zuviel nach Äußerlichkeiten. Dabei sind diejenigen, die stets hoheitsvoll auftreten, in vielen Fällen selbst voller Hemmungen. Oder sie bestehen überwiegend aus Fassade mit nur unbedeutender innerer Einrichtung.

Allerdings kann Zurückhaltung und äußere Würde auch durchaus einer inneren Einstellung entsprechen.
Wenn man es beispielsweise nicht liebt, daß einem andere zu nahe kommen.
Wenn man einen gewissen Abstand vorzieht und sich nicht gleich mit jedem verbrüdern möchte.

In jedem Fall kann ein falsches Urteil über einen anderen, eine falsche Einschätzung, unangenehme Folgen haben.
Und zu peinlichen Situationen führen.
Für den anderen und für einen selbst.

Doch Hand aufs Herz:
Wer könnte sich schon von gelegentlichen Vorurteilen freisprechen?

Wer aber weiß, daß es ein solches ist, für den ist die Sache halb so schlimm.
Immerhin kann man dem »Angeklagten« eine Chance geben. Wenn man grundsätzlich bereit

und fähig (!) ist, seine Meinung auch mal zu ändern.

Das ist dann das sogenannte »Nachurteil«. Es sollte dazu dienen, einem von uns fälschlicherweise »Verurteilten« zu einem nachträglichen Freispruch zu verhelfen.

Natürlich kann das auch umgekehrt der Fall sein:
Ein Biedermann stellt sich anschließend als Heiratsschwindler heraus. Hier müßte ein vorher gutes in ein später schlechtes Urteil abgewandelt werden.

Doch was ich noch zu den Vorurteilen sagen wollte:
Ab und zu trage auch ich ein solches mit mir herum. Weiß, daß es eines ist und genieße es so richtig! Auf den Hinweis, das sei doch wohl ein Vorurteil, pflege ich dann zu antworten: »Ich weiß, daß es eines ist. Aber ich mag den Kerl nicht und ich will ihn auch gar nicht kennenlernen. Er ist mir stinkunsympathisch – und das soll er auch bleiben!«

Ich hatte übrigens Gelegenheit, im Jahre '83 mit einer Wirtschaftsdelegation der Konrad-Adenauer-Stiftung, einer Einladung der chinesischen Regierung folgend, drei Wochen durch die Volksrepublik China zu reisen. Bei einem abendlichen Glas Bier irgendwann und irgendwo in diesem ebenso riesigen wie schönen Lande fiel dann der weise Spruch: »Da kommen wir nun nach China, um unsere Vorurteile loszuwerden – und sie durch andere zu ersetzen.«

Aber so sind wir Menschen wohl und vermutlich werden wir auch so bleiben.

Zusammenfassung:
- wir vor- u. verurteilen zu schnell
- urteilen meistens nach unseren Maßstäben! u. nach Äußerlichkeiten
- Nachurteil, d.h. wir sind fähig, unsere Meinung zu ändern

Die Suche nach dem Schuldigen

Selbsterkenntnis ist der erste Weg zur Besserung

Diesen Spruch tragen wir mit uns herum wie einen alten Schirm, den wir bei gelegentlichem Regen wieder mal öffnen. Ohne über seinen tieferen Sinn nachzudenken, plappern wir dieses Wort dahin.

Anlaß ist meistens die Bemerkung eines anderen, er habe einen Fehler gemacht und er müsse jetzt dafür büßen. So bestätigen wir dem anderen gnädig, seinen Fehler erkannt zu haben.

Selbsterkenntnis scheint also eher etwas für andere Menschen zu sein. Doch seien Sie beruhigt.
Diese Eigenschaft gehört weder bei anderen noch bei uns selbst zu den verbreitetsten. Ganz im Gegenteil!

Die Suche nach dem Schuldigen ist überall an der Tagesordnung!

»Wer hat denn das Licht wieder angelassen?«
(Das »Wieder« ist besonders typisch!)

»Wer hat denn den Haustürschlüssel wieder versteckt?«

»Wer hat mir denn mein Taschentuch aus der Tasche genommen?«
(Kein Gedanke daran, daß ich wohl vergaß, es einzustecken!)

Und wenn ich durch Unachtsamkeit ein Glas umwerfe:
»Wer hat denn nur das Glas so nahe an meinen Arm gestellt?«

Die Suche nach einem Schuldigen dient unserer Entlastung durch die Rechtfertigung eigener Unzulänglichkeiten.

»Ich bin jedenfalls nicht schuld . . .«, und damit hat sich das. Also brauche ich auch nicht über eigene Fehler nachzudenken. Vor allem kann ich den, die oder das anonyme »Wer« beschimpfen.

Ich erteile mir einfach Absolution und entrüste mich über den »großen Unbekannten«. Dann eile ich meinem nächsten Fehler entgegen, indem ich achtlos über eine Stufe stolpere und knurre:
»Welcher Affe hat denn nur diese Kante so scharf gemacht?!« –

Und auf den Hinweis, in dieser Woche sei es immerhin schon das vierte Mal, daß mir ein und dasselbe Mißgeschick passiert, werde ich selbstverständlich antworten, daß ich schließlich andere Dinge im Kopf habe, die wichtiger seien.
Und daß man Treppen schließlich auch vernünftiger bauen könne – und überhaupt.

Irgendeiner ist stets an irgend etwas schuld

Wer sich das allerdings so einfach macht, wer »Selbsterkenntnis« für ein Fremdwort hält, dem fehlt die entscheidende Voraussetzung für seinen Lebenserfolg.

Ich denke aber, daß uns das klar ist und daß wir solch gravierende Fehler spätestens von heute an den »anderen« überlassen.

Zusammenfassung:
- Suchen zu schnell den SCHULDIGEN,
denken zu wenig an uns SELBST!

Achten Sie mal darauf, wie oft Ihnen auf die Frage, warum dieses oder jenes anders sei, geantwortet wird: »Ich kann bestimmt nichts dafür!«

Tatsachen, Empfindungen und Darstellungen

Die Dinge sind so, wie sie sind – Menschen, Tiere, Gegenstände, Situationen . . .

Ihr Erscheinungsbild richtet sich
- nach unserem »Wahrnehmungsvermögen« (was dem einen groß erscheint, wird von dem anderen als klein empfunden)
- nach unserem »Vorstellungsvermögen« (phantasievolle Menschen stecken die Grenzen des Möglichen weiter als jene, die sich das »einfach nicht vorstellen können«)
- nach unserem »Wunschdenken« (was wir lieben, sehen wir besser und schöner, als es in Wirklichkeit ist)
- und nach unserer »Darstellungsabsicht« (wie wir möchten, daß es von anderen gesehen wird)

Wahrnehmungsvermögen

Unser »Wahrnehmungsvermögen« entspricht der Funktion unserer Sinne.
Dabei funktionieren die Geschmacksnerven recht unterschiedlich. Kurzsichtigkeit, Farbenblindheit, aber auch Denkungsart, Erziehung und Lebensstil beeinflussen das Erscheinungsbild.

Ein und dasselbe wird von verschiedenen Menschen ungleich wahrgenommen

Das ist eine höchst wichtige Tatsache, die wir gar nicht ernst genug nehmen können.
Zwei Menschen reden über ein und dieselbe Sache. Trotzdem ist es wahrscheinlich, daß sich jeder von beiden darunter etwas anderes vorstellt, sich davon ein anderes Bild macht.
Das ist einer der Gründe dafür, daß selbst bei

scheinbarer Übereinstimmung anschließende Differenzen nicht auszuschließen sind.

Erwartungshaltung Klären

Was man dagegen tun kann?
Klar und deutlich aussprechen, wie man sich die Sache vorstellt. Kontrollfragen stellen, um herauszufinden, ob der andere einen auch richtig verstanden hat.

Sich die Situation von ihm mit seinen Worten schildern lassen. Jeder möglichen Unklarheit nachgehen und sie so lange neu besprechen, bis sich Klarheit ergibt. Optische und akustische Hilfsmittel benutzen. Eine Skizze oder ein Farbmuster genügt oft schon, um Verständigungsfehler aufzudecken. Gesetzesbücher helfen bei juristischen Fragen.

Vorstellungsvermögen

Mit dem »Vorstellungsvermögen« ist es ähnlich.
Manche glauben nur, was sie sehen.
Sie können kreativen, phantasievollen Menschen oft nicht folgen. Das ist keine Frage des »Wollens«, sondern des »Könnens«. Nun wäre es falsch, diese Menschen zu unterschätzen. Doch wird es oft Mühe kosten, sie zu überzeugen. Am besten ist es, ihnen die Lösung eventueller Probleme beispielhaft vorzuführen. Keinesfalls sollte man mangelndes Vorstellungsvermögen mit Dummheit, Ignoranz, schlechter Absicht oder negativer Lebenseinstellung verwechseln.

Unter ein und demselben Begriff stellen sich verschiedene Menschen jeweils etwas anderes vor

Wunschdenken

Das »Wunschdenken« ist eine weit verbreitete und dabei sehr verständliche Angewohnheit. So färben wir Tatsachen mit unseren

Lieblingsfarben. So, wie sie uns sympathisch, für uns bequemer, angenehmer und freundlicher sind.

Kinder vermischen oft Phantasie und Wirklichkeit, ohne die Absicht zu lügen.

Wir können das bei Kindern oft erleben. Hier vermischen sich oft Traum und Wachsein, Märchen und Wirklichkeit. Man muß das wissen, um Kinder besser verstehen zu können. Manche »Lüge« ist nichts weiter als eine von Kindern als wahr empfundene Geschichte, die sich zum Teil in der Märchenwelt, in der Phantasie abspielt. Verständnis und Eingehen auf unsere kleinen Phantasten ist besser und hilfreicher als Strenge oder gar Bestrafung. Zumal den Kindern doch oft gar nicht bewußt ist, daß ihre Geschichte von uns als Unwahrheit, ja als Lüge empfunden wird. Ich fürchte, daß nicht nur auf diesem Gebiet von vielen Eltern ihren Kindern gegenüber arg gesündigt wird.

Daß »Wunschdenken« im übrigen nicht den Kleinen unter uns vorbehalten ist, dürfte sich herumgesprochen haben. Mancher gestandene Zeitgenosse redet sich so lange etwas ein, bis er selbst daran glaubt.

Nun ist »Wunschdenken« ja auch solange nicht gefährlich, wie man dabei »mit den Füßen auf dem Teppich« bleibt. Und anschließend auch wieder ein kleiner Realist wird. –

Darstellungsabsicht

Unter »Darstellungsabsicht« verstehen wir nun unser Vorhaben, die Dinge so darzustellen, daß sie uns anderen gegenüber in einem – wie wir glauben – besseren Licht erscheinen lassen. Man kann diesen Vorgang auch sehr treffend als »Zweckdarstellung« bezeichnen.

Um besser als andere zu erscheinen, bedienen wir uns zweier einfacher Methoden:

Zwischenbilan

Man sagt von ein
vor allem eine ga
da heißt:
– Sage zuerst, wa
– Dann sage es.
– Zuletzt sage, w

Auch im Geschäf
wird viel gesproc
Schwierigkeit des
Möglichkeit, in »
kommen. Oft bei
fest, deren Kläru
die Länge ziehen

Gleich aber, ob d
Verhandlung ein
dauert oder sich v
Monate hinzieht,
punktweise vorzu
versuchen, Teiler
festzulegen und »

Das könnte dann
»Wir haben uns v
Fragenkomplex z
möglich Einigkeit
ist, stimmen wir b
schlage daher vor
ab. Und nun sollt
restlichen Fragen

Ein solches Vorge
auch dann möglic
unterbrochen wer
Übereinstimmun
»Wir haben uns h
Frage befaßt. Hie

1. Wir machen uns besser.
2. Wir machen die anderen schlechter.

In Wirklichkeit verändern wir die Tatsachen natürlich nicht, wir stellen sie nur anders dar. Gutgläubige, Einfältige, Kritiklose, leicht zu Beeindruckende und Beeinflußbare gehen uns leichter auf den Leim.
Mißtrauische, Selbstbewußte, Kritische und psychologisch Erfahrene allerdings werden uns eher durchschauen.

Dinge anders darzustellen, als sie in Wirklichkeit sind, ist ein beliebtes Spiel in allen Lebenslagen.
Man tut das, um sich selbst Nutzen zu verschaffen.
Des Ansehens, also der Anerkennung durch andere, oder auch nur der eigenen Befriedigung wegen.

Zweckdarstellungen erleben wir täglich in allen Bereichen.

Ein besonders bevorzugtes Spielfeld der »Zweckdarstellungen« ist die politische Ebene. Hier gilt es, die Dinge grundsätzlich so darzustellen, daß die eigene Partei dabei gut abschneidet und die Gegenpartei klein und häßlich im Regen steht. Und das auch dann, wenn die tatsächliche Situation genau das Gegenteil aufzeigt.
Hier kommt der beabsichtigte Nutzen nicht nur einer Person, sonderen einer gesamten Gruppe zugute.

Zusammengefaßt sehen wir also, daß die Dinge zwar so sind, wie sie sind, daß sie jedoch von uns unterschiedlich wahrgenommen werden.

Unser Vorstellungsvermögen grenzt sie zusätzlich ein, während sie von unserem Wunschdenken oft rosarot gefärbt werden.

Seite dieser und von der anderen Seite jener Standpunkt vertreten. Es wird unsere Aufgabe sein, bei unserer nächsten Zusammenkunft einen Kompromiß zu finden, dem von allen Beteiligten zugestimmt werden kann.«

Was im Wirtschaftsleben funktioniert, kann uns auch für den privaten Bereich Anregungen geben.

Das ist die Zwischenbilanz, von der ich spreche. Eine Notwendigkeit in jedem funktionierenden Wirtschaftsunternehmen. Eine wichtige Maßnahme, um jederzeit festzustellen, was man bisher erreicht hat und ob das mit dem übereinstimmt, was man sich vorgenommen hat.

Das Grundschema einer vernünftigen Unternehmenspolitik enthält eine ehrliche Selbsteinschätzung:
Wer man ist und was man kann.
Eine ebenso ehrliche Marktbeurteilung:
Braucht der Markt das, was man ihm anbietet?
Wenn ja, wie stelle ich das Unternehmen und sein Angebot überzeugend dar?
Wenn nein, gibt es andere Märkte, die meine Ware benötigen? Ändere ich mein Angebot oder versuche ich den Markt zu beeinflussen?

Doch ich will hier nicht in Einzelheiten gehen. Es kommt mir nur darauf an, Ihnen die Wichtigkeit einer Zwischenbilanz vor Augen zu führen.

Sie kann uns zeigen, was wir bisher getan haben, ob wir auf dem richtigen Wege sind und welche Erkenntnisse wir daraus gewinnen. Ob es gut ist, so weiterzumachen, wie wir uns vorgenommen haben, oder ob sich Fehler in der Planung zeigen, die ein Überdenken des weiteren Handelns ratsam machen.

Eine Gedankenpause empfehle ich auch beim Lesen dieses Buches. Um Bilanz zu ziehen:

Welche Erkenntnisse konnte ich bisher gewinnen?
Welche Schlüsse habe ich daraus gezogen?
Kann ich weiterlesen, oder ist es besser, das eine oder andere Thema noch einmal nachzulesen?

Eine Gedankenpause brauchen wir, um geistigen Abstand zu gewinnen.

Ziehen wir also Bilanz:

Wir stellten fest, daß mancher gar nicht so recht weiß, was er will. Vielen, die klare Wunschvorstellungen haben, fehlt jedoch die Antwort auf die Frage:
»Und wie fange ich das an?!«

Die erste Antwort lautet, sich gewisse psychologische Grundregeln anzueignen, die leicht verständlich und ebenso leicht befolgbar sind.

»Warum sind wir so, wie wir sind?« ist eine uralte Frage, deren Antwort lautet: »Weil wir Menschen keinesfalls immer logisch, sondern meistens psychologisch denken, fühlen und handeln.«
So stehen uns oft unsere Gefühle im Weg.
Wir neigen dazu, eher »den Splitter im Auge des anderen« als »den Balken im eigenen Auge« zu sehen. Wenn wir aber nicht einsehen, daß wir eher Einfluß auf uns selbst als auf andere haben, wenn wir nicht beginnen, eigene Fehler zu suchen, zu finden und abzustellen, haben wir keine Chance, erfolgreich und glücklich zu werden.

Klar! Um uns selbst zu sehen, benötigen wir einen Spiegel.

Das Lesen eines Buches ist mit Arbeit verbunden.
»Ohne Fleiß keinen Preis« gilt auch hier.

Säen will keiner,
aber ernten wollen sie alle

Dieser Leitspruch gilt auch für Glück und Lebenserfolg. Wir leben nicht im Schlaraffenland.
Nur wer Hand anlegt, hat Aussicht auf Erfolg.

Die »Prominentenanleihe« ist ein beliebtes Spiel eigene Bedeutungslosigkeit durch mehr oder weniger zufällige Kontakte mit Prominenten aufzuhellen.
Oder man stellt sich einfach dazu.
Steigerung des Selbstbewußtseins und des eigenen Wertempfindens ist der Sinn der Sache. Wie gesagt, beliebt und dabei ziemlich harmlos. Ich habe das früher auch schon ausprobiert.

Eine wichtige Erkenntnis ist, daß es nahezu ausschließlich eigene Fehler sind, die zu Mißerfolgen führen. Wir müssen daher versuchen, so viele Fehler wie nur eben möglich zu vermeiden.

Das ist wie beim Tennisspielen.
Wer eigene Fehler weitgehend unterläßt und den Ball immer nur zurückbringt, kann damit rechnen, daß der Gegner (für den wir unseren Partner halten müssen, wenn wir ihn schlagen wollen!) seinerseits Fehler macht und das Spiel verliert.

Wer erfolgreich sein will, muß dazu fünf Grundsätze beachten:
- Was ist für mich Erfolg?
- Wie gut bin ich?
- Wie gehe ich vor?
- Dann ans Werk gehen!
- Und aus Mißerfolgen lernen!

»Richtig« und »falsch« sind Begriffe, für die es kein Patentrezept gibt. Man muß sie den jeweiligen Situationen und Umständen anpassen. Stimmt in einer Reihe von Maßnahmen nur eine nicht, ist der gesamte Erfolg in Frage gestellt. Wer gut plant, wer sein Handeln durch ständiges Denken überwacht, hat größere Chancen.

Vorsicht beim Gebrauch der Wörter »richtig« und »falsch«. Sie wissen ja: Des einen Eule ist des anderen Nachtigall! Es kommt eben alles auf den Maßstab an.

Wer ernsthaft glücklich sein will, muß dazu eine innere Bereitschaft mitbringen. Glück kommt nicht so daher. Die Glücksfee steht nur im Märchen vor der Tür. Man muß mithelfen, wenn man es ernst meint. Es ist aber auch nötig, das Schöne, das Gute zu suchen. Wer Glück empfinden will, muß es lernen, andere glücklich zu machen.

Wer handelt, ohne vorher gründlich nachgedacht zu haben, setzt den Erfolg aufs Spiel. Richtiges Denken muß geübt werden. Aber man kann es lernen.

In der Beurteilung unserer Mitmenschen sollten wir Vorurteile als solche erkennen. Statt unsere Mitmenschen wegen ihres Verhaltens zu verurteilen, ist zu empfehlen, auch ihre guten Seiten anzuerkennen.

Eine positive Lebenseinstellung stimmt froh und erhält jung. Und ist der richtige Weg zum Glücklichsein.

Wenn mal etwas »in die Hose geht«, ist daran sehr oft nicht ein »Irgendjemand« schuld. Selbstkritik müssen wir – statt sie ständig anderen zu empfehlen – gründlich selber lernen.

Im letzten vorangegangenen Kapitel befaßten wir uns mit den Dingen, wie sie sind, wie wir sie

sehen, wie wir sie sehen wollen und wie wir sie darstellen möchten.
Eine interessante Sache!
Wer das begriffen hat und sich danach richtet, ist den meisten seiner Mitmenschen haushoch überlegen. Dabei darf es uns nicht darauf ankommen, vor den anderen immer als Sieger dazustehen. Ganz im Gegenteil ist es oftmals durchaus ratsam, anderen Chancen zu geben und ihnen den verdienten Sieg zu gönnen.

Was ist Ihnen übrigens lieber?
Sie siegen in der Diskussion. Der andere fühlt sich unterlegen, wird sauer und läßt Sie das bei der nächsten passenden Gelegenheit merken.
Oder:
Sie geben dem anderen das Gefühl, sich durchgesetzt zu haben. Er fühlt sich wohl und ist eher bereit, Ihre Wünsche zu erfüllen. – Na? Was bringt Ihnen mehr?

Eine ganz wichtige Lebenseinstellung: Meinungsverschiedenheiten sind kein Grund für persönliche Feindschaft. Auch nicht für ein »knurriges« Gesicht.

Gerade da können wir eine Menge von den Jesuiten lernen. (Und auf anderen Gebieten auch!) Es ist für uns ein wichtiger Erfolg, wenn es uns gelingt, unseren Gesprächspartnern am Ende ein gutes Gefühl mitzugeben. Wenn sie sich einfach wohlfühlen. Sei es, daß sie sagen: »Das war ein gutes Gespräch« – »das ist aber ein netter Mensch« – »die Atmosphäre war sehr angenehm« – »da konnte ich mich mal richtig aussprechen« – »ich fand Verständnis und Anerkennung«.

Denn dieses »Sich-so-richtig-Wohlfühlen« ist eine enorm wichtige Grundlage für rückblickend gute Gedanken an das Gespräch, den Ort, an dem es stattfand und vor allem an den oder die daran beteiligten Menschen.

Wer sich nach einem Treffen, nach einer Unterhaltung wohlfühlt, nimmt dabei eher in

Kauf, im einen oder anderen sachlichen Bereich nicht ganz auf seine Kosten gekommen zu sein.

Die hohe Kunst des Umganges mit anderen Menschen ist also nicht, sich auf Biegen oder Brechen durchzusetzen, sondern dem anderen völlig unabhängig vom sachlichen Thema ein möglichst anhaltendes Wohlgefühl zu vermitteln.

Zugegeben – da wird's schon etwas schwieriger. Doch ein Erfolgsmensch – und das sind Sie, wenn Sie bis hierher durchgehalten haben – wächst mit seinen Aufgaben.

So stellt dieser Buchabschnitt etwas mehr als eine Zwischenbilanz dar. Er ist ein Aufruf zum Rückblick, zur Besinnung. Ehe wir uns daranmachen, weitere Erfolgsrezepte auszuprobieren.

Zusammenfassung:

- Teilergebnisse abhaken und nicht wieder aufwärmen
- Zwischenbilanz:
  - Gefühle behindern nur oft
  - Fast nur eigene Fehler führen zum Mißerfolg
  - Fünf Grundsätze (S. 64)
  - Gut PLANEN, ständig DENKEN
  - Vorurteile abbauen
  - Positive Lebenseinstellung
  - Anderen das Gefühl geben sich durchgesetzt zu haben!

Der ERFOLGSMENSCH wächst mit seiner Aufgabe!

Lernen, sich zu konzentrieren

»Konzentrier Dich, Junge!«
Ein Satz, den ich in meiner Jugend immer wieder vom gestrengen Herrn Papa zu hören bekam.
»Konzentrier Dich!« –

Nur verständliche Anweisungen kann man befolgen.

Ich sagte pflichtgemäß »Ja, lieber Vater« und machte ein eifriges Gesicht. Dabei zog ich die Stirn in Falten, um mir den Anschein angestrengten Nachdenkens zu verleihen. Natürlich hatte ich keinen blassen Schimmer, was ich anstellen mußte, um mich befehlsgemäß zu konzentrieren. Ein heimlicher Blick auf die Uhr zeigte dann auch zu meiner Beruhigung, daß mein Vater in wenigen Minuten das Haus wohl wieder verlassen würde. Und so konnte ich meine Ungeduld gerade noch zügeln.

Das Wetter war schön, und bald würde mein Freund Günter Langenbach unseren Geheimpfiff ertönen lassen. Dann ging es sowieso hinaus in die Freiheit, und die Schularbeiten mußten warten. –

Erst viel später ging mir der Sinn und Nutzen der Konzentration auf. Ich lernte,
daß »eine Hand einen Weg geht«,
daß »viele Köche den Brei verderben« und
daß »man alles, was man tut, mit voller Kraft tun soll«.

Dabei ist die Sache ja auch recht einleuchtend. Konzentriert man seine Kräfte bei der Arbeit, kommt wesentlich mehr dabei heraus, als wenn man sie zersplittert.

Wenn beispielsweise zwei Personen einen Karren schieben wollen, und sie drücken beide in einer Richtung, so spricht man von einer Kräftekonzentration.

Drückt einer in der richtigen Richtung, der andere jedoch von der Seite, so ist das Ergebnis wesentlich schlechter. Drücken beide allerdings gegeneinander, so wird sich die Karre kaum von der Stelle bewegen, außer einer wäre stärker. Ein absoluter Mißerfolg also, obwohl sich beide abrackern, schwitzen und anschließend total erschöpft sind. Sie arbeiten zwar, ihre Leistung aber ist gleich Null.

Man sollte meinen, das wäre selbstverständlich. Doch die Wirklichkeit sieht leider ganz anders aus.

Leider kommt es im Wirtschaftsleben oft genug in ein und derselben Firma vor, daß Personen gegeneinander arbeiten. Um den Erfolg des anderen zu sabotieren. Oder aus purer Dummheit, und das ist dann genauso schlimm.

Auch in der Politik ist diese Tatsache keinesfalls unbekannt. Schließlich ist der

Erfolg nur für die eigene Partei da. Die anderen haben gefälligst zu versagen! –

Es müssen nicht unbedingt mehrere Leute daran beteiligt sein, wenn Kräfte zersplittert werden. Das kann durchaus einer alleine. Ich erwähnte ja schon, daß es Menschen gibt, die das, was sie mit den Händen aufbauen, mit dem Hintern wieder umstoßen.

Auch ist es kaum jemandem gegeben, mehrere Dinge gleichzeitig tun zu können, ohne eines davon zu vernachlässigen.

»In Gedanken« oder »zerstreut sein« nennt man den Zustand geistiger Abwesenheit.

Dafür gibt es viele Beispiele:
Im Auto:

Man unterhält sich angestrengt und achtet nicht auf den Verkehr.

Zu Hause:

Man liest einen spannenden Roman und verfolgt gleichzeitig die Nachrichten im Radio oder Fernsehen. Auf die Frage, wie das Wetter morgen wird, antwortet man: »Ich glaube, im Norden oder im Süden wird es schön werden – oder regnen!«

In der Schule und im Büro:

Man versucht, eine Aufgabe zu lösen. Dabei geht einem die Frage nicht aus dem Kopf, wie der heimische Fußballverein wohl am Abend spielen wird.

Während der Konzentration empfiehlt es sich, störende Gedanken, falls sie wichtig sind, aufzuschreiben.

Wer erfolgreich handeln will, muß jedoch lernen, richtig zu denken.
Richtiges Denken setzt Konzentration voraus.
Gedankliche Konzentration heißt, all seine

Gedanken für einen gewissen Zeitraum auf nur ein einziges Thema zu lenken.

Wie aber macht man das?
Indem man sich erst einmal darüber klar wird, daß Konzentration notwendig ist.
Dann muß man sich ernsthaft vornehmen, sich zu konzentrieren.

Und die Voraussetzungen sollte man kennen: Innere und äußere Ruhe und Ausgeglichenheit. Auch körperlich müssen Sie sich wohlfühlen.

Störfaktoren sind weitgehend auszuschließen. Und davon gibt es eine ganze Menge: Sie haben Hunger. Ihr Magen knurrt. Sie sind zu dünn oder zu dick angezogen, denn Frieren oder Schwitzen ist ein unangenehmer Zustand, der Sie beschäftigen wird, ob Sie wollen oder nicht.

Oder Sie tragen einen »kratzigen« Pullover.

Auch ein andauernder Hustenreiz könnte Sie daran hindern, Ihre Gedanken auf einen ganz bestimmten Punkt zu lenken, da Ihnen völlig unbewußt so ganz von selbst immer wieder der Gedanke kommen wird:
»Wenn ich doch diesen blödsinnigen Husten endlich los wäre!«

Aus diesem Grunde ist körperliches Wohlbefinden so wichtig. Allerdings kann ich Ihnen auch nicht empfehlen, sich vor dem Konzentrationsversuch rundherum satt zu essen, da dieses zwar anfangs Ihre gute Laune hebt, Sie jedoch gleichzeitig müde, faul und träge macht. Gewiß kennen Sie dieses Gefühl des satten Vorsichhindösens nach einem guten Essen. –

Auch plötzliche Stille erweckt unsere Aufmerksamkeit.

Wir sprachen davon, wie wichtig es ist, daß wir uns bei der Konzentration wohlfühlen und uns nicht ablenken lassen. Ablenken lassen wir uns jedoch nicht nur durch Geräusche, wozu übrigens auch das Ticken einer Uhr gehört, welches uns gerade bei sonst völliger Stille besonders laut vorkommt, sondern auch durch alle Bewegungen, die unser Auge wahrnimmt. Auch diese Tatsache wird Ihnen bekannt sein.

Beobachten Sie doch einmal Menschen, die auf irgend etwas warten, auf eine Eisenbahn beispielsweise oder auch im Warteraum eines Arztes. Wenn 20 Menschen im Kreise sitzen und sich langweilen, während sich im Raume nichts bewegt, außer dem wedelnden Schwanz eines Hundes, so können Sie sicher sein, daß alle 20 Augenpaare wie gebannt auf diesen Schwanz starren, als ob ihre Seligkeit davon abhinge. Es ist in der Tat so, daß Dinge, die sich bewegen, bei sonst völliger Bewegungslosigkeit die Blicke automatisch auf sich lenken.

Sollten Sie also Hundebesitzer sein und zum ersten Mal bewußt einen konzentrierten Gedanken fassen wollen, so ist es besser, Sie schicken Ihren Hund solange hinaus. Wenn er Sie dann jedoch vermißt und vor der Tür durch lautes Bellen stört, so greifen Sie zum Maulkorb. Sollte auch dieser Ihren Hund nicht an seinem beharrlichen Knurren hindern können, so müssen Sie ihn halt wieder hereinholen. Störende Schwanzbewegungen können Sie dadurch verhindern, indem Sie Ihrem treuen Spielgefährten ein Gewicht an den Schwanz hängen. Reizt ihn dieses jedoch wieder zu erneutem Bellen, so schaffen Sie Ihren Hund doch einfach ab und kaufen sich einen Goldfisch. Den können Sie beim Nachdenken dann hinter sich stellen.

Nun aber wieder ganz ernst:

Zur inneren Ruhe gehört seelische Ausgeglichenheit, die bei positiv eingestellten und glücklichen Menschen oft durchaus ein Normalzustand ist.
Doch das geht leider nicht allen so.
Yoga und autogenes Training sind vorzügliche Übungen, die mit etwas Fleiß und Beharrlichkeit zu erlernen sind.

Und was die äußere Ruhe betrifft:
Unterschätzen Sie die Konzentrationsmöglichkeiten nicht, die ein bestimmtes »stilles Örtchen« bietet. Schon viele hatten dort die besten Einfälle.

Mein Freund Georg Schulhoff, einer der höchsten und erfolgreichsten Repräsentanten des deutschen Handwerks, ist dafür ein typisches Beispiel:

Die gesamte Geschäftsführung zitterte, wenn er vom »Örtchen« kam, denn dort war ihm mit Sicherheit wieder eine seiner guten Ideen gekommen, die seine ganze Mannschaft zum Rotieren brachte.

Und von einem älteren Lüdenscheider Unternehmer wird berichtet, daß er gar nicht selten seiner vor der geschlossenen Toilettentür sitzenden Sekretärin zu diktieren pflegte! –

Natürlich gehört zur Konzentration noch mehr: Ein starker Wille und ständiges Üben. Papier und Schreibstift, um Gedanken und Erkenntnisse zu notieren. Würde man sie im Kopf behalten, müßte man einen Teil seines Denkens dafür verwenden. Zur Konzentration aber braucht man die volle Gedankenkraft.

Das ist bei körperlicher Arbeit nicht anders. Auch hier muß man sich voll einer Sache widmen.
Außer man würde als Musikclown auftreten. Da könnte man dann gleichzeitig mit beiden Armen und einem Bein verschiedene Reifen rotieren lassen, auf der Nase eine brennende Kerze balancieren und dabei »Fuchs, du hast die Gans gestohlen« singen. Oder »Junge, komm bald wieder!«. –

Versuchen Sie's doch mal!

Zusammenfassung:

- Kräftekonzentration
- Miteinander arbeiten
- Innere u. äußere Ruhe
- Körperliche Fitness
- Starker Wille, üben
- Papier u. Bleistift

Wer sagt »Ich kann nicht«, der will nicht

Es ist nicht jedermanns Sache, eine feste Meinung zu haben und sich auch offen dazu zu bekennen.

So sagt mancher, der etwas tun soll, was ihm nicht paßt, einfach: »Das kann ich nicht!« Damit ist jedoch die Sache oftmals nicht aus der Welt.

Drei Gründe sehe ich als möglichen Anlaß für die Behauptung, etwas nicht zu »können«:

1. Ich kann es wirklich nicht und weiß das auch genau. Weil zur Lösung der Aufgabe meine Kräfte oder meine Kenntnisse nicht ausreichen.

2. Es ist keinesfalls klar, ob ich es kann oder nicht. Hier käme es auf einen Versuch an. Trotzdem ziehe ich die Behauptung vor, es nicht zu können. Weil mir der Versuch zu anstregend erscheint, weil ich fürchte, mich zu blamieren, wenn's nicht klappt, oder weil ich den Sinn, es zu versuchen, nicht einsehe.

3. Ich kann es und weiß es auch.
Aber ich mag nicht. Ich habe einfach keine Lust. Weil mir das, was ich tun soll, nicht schmeckt, nicht gefällt oder einfach nicht paßt.

Natürlich gehört oft Mut dazu, seine Meinung geradeheraus zu sagen: »Ich will nicht!« Das wird vermutlich dann auch Diskussionen auslösen. Wenigstens wohl die Feststellung: »Das verstehe ich aber nicht.
Das tun (mögen, lieben) doch alle!« Und schon steht man im Abseits, denn nicht so zu sein wie

»alle« ist ein klarer Verstoß gegen die Gepflogenheiten.

Trotzdem: Ich mag keine dicken Bohnen! Und ich esse sie auch nicht, auch wenn es noch so modern wäre.

Nur täusche ich nicht vor, ich könne sie nicht vertragen, sondern gebe zu, daß ich sie schlicht nicht mag. Das müßte dann für jeden verständlich sein.

Nun ist das mit den dicken Bohnen selbstverständlich nur ein Beispiel. Es gibt auch ganz andere Situationen, in denen ein offenes Wort Klärung schaffen kann.

Darum lassen Sie sich durch mich ermuntern, sich künftig nicht hinter einem »Ich kann nicht« zu verstecken.

Wie heißt es so treffend:
»Dem Mutigen gehört die Welt.«
(Schiller oder so.)

Zusammenfassung

- Ein offenes Wort verschafft Klärung

Lernen – und sich belehren lassen

Erfolg hat, wer so wenig wie möglich falsch und so viel wie möglich richtig macht.

Und da es viel leichter ist, uns selbst zu beeinflussen als andere, vorausgesetzt wir wollen, richten sich meine Ratschläge auch immer nur an uns selbst.
Das ist wie beim Tennis:
Wer in der Lage ist, alle Bälle des Gegners einfach nur ins Feld zurückzugeben, hat große Chancen auf den Sieg.

Das habe ich Ihnen zwar schon mal erzählt, aber es schadet ja nichts, es nochmals zu wiederholen. Weil es eben so schön anschaulich ist.

So will ich auch noch einmal darauf hinweisen, daß wir unbedingt immer ehrlich zu uns selbst sein müssen. Denn würden wir uns über Gegebenheiten hinwegsetzen, sie übersehen oder uns einreden, daß sei wohl »nicht so schlimm«, wären böse Überraschungen die Folge. Unser so zielstrebig begonnener Weg zum Erfolg könnte dadurch in einer Sackgasse enden.

Selbsttäuschung heißt, vor der Wirklichkeit die Augen zu verschließen.

Selbsttäuschung führt zum Mißerfolg

Auch dürfen wir niemals nachlassen in unserem Bestreben, immer mehr zu lernen. Gleich wie alt wir sind!

Glück und Erfolg sind vergänglich!
Wir können sie nicht auf alle Zeiten pachten,

sondern müssen uns immer wieder aufs neue darum bemühen.

Nur ist das mit dem Lernen so eine Sache. Zumal es für uns immer ein großer Unterschied ist, ob wir lernen wollen oder sollen. Erfahrungsgemäß tut man ja sowieso alles freiwillig viel lieber. Steht aber ein »Muß« davor, setzen automatisch Dickköpfigkeit und Widerwille ein.

Und dann kommt es auch noch darauf an, wer einem etwas sagt. Und wann und wo, vor allem aber wie!

In der Schule – na ja, da habe ich mich schon an das »Muß« gewöhnt. Außerdem ist mir klar, daß Lernen nützlich ist.
Schließlich möchte ich ja später weiterkommen.

Besuche ich als Erwachsener ein Seminar, dann bin ich auch positiv eingestellt.
Ich suche und erwarte Ratschläge des oder der Dozenten.

Dann gibt es aber noch die ungebetenen Ratschläge, und da sieht dann alles ganz anders aus. Es ist eine leider weitverbreitete Tatsache, daß sich kaum einer über einen ungebetenen Rat freut.
Ganz im Gegenteil!
Die meisten fassen ihn als sogenannte »Belehrung« auf und reagieren ganz empfindlich:
»Meinst Du, ich wüßte das nicht selbst?« oder »Ausgerechnet Du mußt mir das sagen!« ist das wenigste, was wir auf eine Belehrung zu antworten, wenigstens aber zu denken pflegen.

Mit diesem psychologischen Vorgang sollten wir uns näher befassen:

Hier stehen sich wenigstens zwei Menschen gegenüber. Weitere Anwesende tragen im Regelfalle noch zur Verschärfung der Situation bei.
Was geschieht?
Einer von den beiden sagt oder tut etwas. Der andere bedeutet ihm, daß das falsch sei oder jedenfalls verbesserungswürdig, und läßt auch gleich den Rat folgen, wie das anzustellen sei. Der Belehrte fühlt sich in die Rolle eines Kindes versetzt und empfindet, der andere spiele sich als sein Lehrer, unter Umständen sogar als sein Richter auf.

Mindestens aber als kluger Erwachsener (Vater, Mutter , Onkel, Tante) dem dummen Kinde gegenüber. Er fühlt sich gerügt, erniedrigt, zumal der andere gleichzeitig die Rolle des Klugen, Allwissenden, über ihm Stehenden einnimmt.

Sind dann noch weitere Personen anwesend, kommt man sich um so mehr blamiert vor, zumal damit zu rechnen ist, daß diese zustimmend nicken, vielleicht sogar schadenfroh grinsen.

Rein sachlich gesehen, muß die ganze Angelegenheit gar nicht kompliziert sein. Wären wir Menschen in der Lage, absolut emotionslos zu reagieren, könnte sich ein solches Gespräch etwa folgendermaßen abspielen:
»Du hast den Ball ins Netz geschlagen, weil Du den Schläger nicht richtig gehalten hast. Bei dem kurzen Abstand zum Netz solltest Du den Schläger mehr öffnen!«

Der andere:
»Du hast recht. Danke! Ich werde es künftig beachten.«

So einfach könnte das sein, wären wir in der Lage, unsere Gefühle einfach mal abzustellen. Aber leider . . .!

Gibt mir ein Freund einen Rat, antworte ich vielleicht mit »Danke!«. Bekomme ich den gleichen Rat jedoch von meiner Frau, werde ich sauer.
Viele Ehepaare weigern sich aufgrund schlechter Erfahrungen, beim Tennis im Doppel auf einer Seite des Feldes zu stehen. Tun sie es doch, sind die Schimpfworte noch auf der Tribüne deutlich vernehmbar.
Na ja – so ist das wohl nicht nur in unserem Verein!

Aber das müssen ja auch nicht nur Mann oder Frau sein. Auch bei anderen sind wir keineswegs immer bereit, Rat anzunehmen. Es kommt halt darauf an, wer es ist. Und wie gesagt, wann es geschieht und wo und vor allem wie!

Dabei ist ein guter Rat nicht mit Geld zu bezahlen. Wir Menschen sollten dankbar dafür sein dem, der ihn uns gibt, gleich wer es ist.

Sich gegen »Belehrungen« zu sperren ist zwar verständlich, doch nicht klug, denn auch in jeder »Belehrung« kann ein wirklich guter Rat enthalten sein!

Für die Erteilung eines guten Rates sollte man stets dankbar sein, statt sich dagegen zu sperren.

Wer nicht ständig weiterlernt, wird sich wundern, wie schnell er zum »alten Eisen« gehört.

Wer rastet – der rostet

Diese Erkenntnis trifft heute mehr zu denn je zuvor.

Der technische Fortschritt ist so rasant, daß wir ihm ohne große und ständige Anstrengungen nicht zu folgen in der Lage sind.
Doch gilt das nicht nur für die Technik.

Nur wer bereit ist, ständig und überall dazuzulernen, dessen Geist wird ewig jung bleiben.

Zusammenfassung:
- Ehrlich zu uns selbst sein
- Immer Lernbereit sein
- Ratschläge dankbar annehmen

Die peinliche Pause

Was man öfter hört und sieht, prägt sich besser ein. So erlaube ich mir, auf einige Grundweisheiten der Erfolgslehre immer wieder hinzuweisen:

So wenig wie möglich falsch und so viel wie möglich richtig zu machen, muß unser ständiges Bestreben sein. Richtig machen in der Selbsteinschätzung, in der Beurteilung unserer Mitmenschen, in der Deutung des Verhaltens anderer und der eigenen Verhaltensweise.

Wie wir wissen, gibt es Vorgänge, die wir sofort begreifen. Bei anderen dauert es schon etwas länger, und wieder andere sind und bleiben für uns »Böhmische Dörfer«. Leider geben sich viele mit dieser Tatsache zufrieden. Was wir nicht verstehen, das verstehen wir eben nicht – basta! Also kann das auch nichts sein, taugt nichts, interessiert uns nicht.

Würden wir die Sache verstehen wollen, müßten wir erst einmal unsere Unkenntnis zugeben, und wer tut das schon gerne. Außerdem wäre es unumgänglich, sich dann mehr mit dem Thema zu befassen, es zu studieren, die Zusammenhänge begreifen zu wollen. Das hat wiederum mit Konzentration zu tun, mit geistiger Arbeit.

Das sollte für uns allerdings keine Frage mehr sein. Immerhin haben wir uns ja entschlossen alles zu tun, um so erfolgreich wie möglich zu sein.

Sie kennen doch den Spruch:
»Des einen Eule ist des anderen Nachtigall!«
Was nichts anderes heißt, als daß wir Menschen

nun mal nicht den gleichen Geschmack haben. Was dem einen gefällt, findet der andere abscheulich. Das ist auch gut so, denn stellen wir uns doch mal vor, alle hätten den gleichen Geschmack?! Na – das gäbe ein Chaos! –

In einem allerdings tun sich erstaunlich viele schwer, nämlich darin, während einer Unterhaltung eine Pause zu ertragen.
Vor allem, wenn man gerade die Rolle des Redners spielt.

Des Redners . . . ,
oh je – da fallen mir doch die beiden extremen Typen ein, die uns das Leben schwermachen können:
Der »große Redner« und der »große Schweiger«. Wer von ihnen schwerer zu ertragen ist, sei dahingestellt, obwohl jeder von beiden eine Art hat, uns »auf den Wecker zu fallen«, die sich von der des anderen grundlegend unterscheidet.

Natürlich gibt es auch die ganz normalen Zeitgenossen, zu denen ja auch Sie und ich gehören. Wir verstehen es, Reden und Schweigen der jeweiligen Situation sinnvoll anzupassen. Uns könnte man, jedenfalls was dieses Thema betrifft, zum ausgeglichenen Typ zählen. Und wer so ist wie wir, mit dem wird man dann auch wohl in dieser Beziehung gut zurechtkommen.
Wir sagen, was wir wollen und zuhören können wir auch.

Der »große Redner« dagegen ist schon schwerer zu ertragen, denn er spricht ohne Unterlaß!
Und dafür findet er immer einen Grund.
Reden scheint für ihn so eine Art Zeitvertreib

zu sein, eine liebgewordene Beschäftigung, ein Hobby. Da er unentwegt redet, läßt es sich nicht vermeiden, daß er sich dabei auch mehrfach wiederholt, wobei er die Bedeutung seiner Worte mit entsprechender Betonung und Gestik unterstreicht.

Der »große Redner« scheint auch nicht zu bemerken, daß er Dir über Jahre hinaus immer wieder die gleichen Fragen stellt:
»Ich habe da einen Bekannten, der wohnt in Köln:
Dr. Zeitner heißt der. Kennst Du den?«
Deine Antwort nimmt er nicht zur Kenntnis, und sie interessiert ihn auch gar nicht.
Und so redet er munter weiter.
Um bei nächster Gelegenheit die gleiche Frage zu stellen: »Habe ich Dir von Dr. Zeitner erzählt?
Das ist ein Bekannter von mir. Der wohnt in Köln.« –

Wie gesagt, findet der »große Redner« immer einen Grund, seine Weisheiten loszulassen. Sei es, daß er einfach zu erzählen beginnt – in aller Ausführlichkeit selbstverständlich –, sei es, daß er Deine Erzählung zum Anlaß nimmt, Dich schon nach wenigen Worten zu unterbrechen: »In Lech warst Du? Das kenne ich. Da war ich im letzten Winter mit dem Kegelklub ...« Und schon geht's los! Nun ist er nicht mehr zu bremsen. Er schildert Dir alle Kneipen, in denen Du schon jahrelang ein- und ausgehst, um dann zu fragen:
»Da warst Du doch sicher auch schon mal?« –
Grausig!

Oder er geht auf Dein Thema überhaupt nicht ein. Da hört sich dann etwa so an:
»Ich komme gerade aus Lech. Da war ...«

**Der »große Redner« muß gar kein übler Typ sein. Er ist halt mitteilungsbedürftig.
Wenn er nur öfter mal Luft holen würde!**

Und schon unterbricht er:
»Ach, in Lech warst Du. Ich war in Davos.«
Und nun folgt eine ausführliche Schilderung seines Urlaubs in allen Einzelheiten, versteht sich. Zaghafte Versuche Deinerseits, doch wieder das Wort an Dich zu ziehen, werden vom »großen Redner« dadurch verhindert, daß er nur noch lauter und eindringlicher spricht. Scherzhafte Bemerkungen seinerseits, in die Dauerrede eingebaut, begleitet er mit schallendem Gelächter, wobei er Dich beifallheischend anschaut. Bleibst Du trotzdem ernst, wiederholt er die lustigseinsollende Bemerkung und gibt Dir zusätzlich, falls Du Dir immer noch kein Grinsen abquälst, einen Rippenstoß.

Sollte der »große Redner« Unaufmerksamkeit bei Dir vermuten, weil Du einen verzweifelten Blick auf die Uhr oder zum Nachbartisch riskiert hast, legt er Dir unnachgiebig die Hand auf den Arm und sagt:
»Hörst Du? Ich sagte ...«
Da hast Du einfach keine Chance!

Solltest Du das Unglück haben, bei einer Wanderung neben ihm gehen zu müssen, redet er unentwegt auf Dich ein. Und damit Du ihm nicht entweichen kannst, hält er Dich einfach am Arm fest.
Und bei jeder Pointe bekommst Du besagten Rippenstoß. Weichst Du zur Seite aus, folgt er Dir wie ein Schatten. Er muß doch seine Rede loswerden. –

Anders der »große Schweiger«.
Der sagt überhaupt nichts. Wenn er nicht muß!
Außer »bitte« und »danke« natürlich, vorausgesetzt, er ist ein höflicher Mensch.

Eine Unterhaltung mit ihm ist sehr schwierig, weil er sich aufs Zuhören beschränkt. Ein kurzes »Aha«, »Soso« oder »Warum« ist bei ihm schon sehr viel. Am »großen Schweiger« hat man so recht kein Packende. Da er kaum Regungen zeigt und nur selten bereit ist, ausführliche Stellungnahmen abzugeben, wird der Ungeübte schier verzweifeln.

Was soll man aber auch tun, wenn man etwas, wie wir glauben, Originelles von sich gegeben hat? Jeder Normalbürger würde sich dazu äußern, seine Meinung sagen, zustimmend nicken oder wenigstens grinsen.
Der große Schweiger jedoch sagt völlig ungerührt: »Hm!« Oder, was noch schlimmer ist, er sagt überhaupt nichts, als warte er, ob da noch etwas komme.

Es ist ein unangenehmes Gefühl, nicht zu wissen, woran man ist. Da wird man leicht unsicher.

Zugegeben:
Das bringt einen Normalverbraucher schon ganz schön aus der Fassung. Man ist irritiert, unsicher. Hat man vielleicht etwas Falsches gesagt? Was kann das nur sein? Man zerbricht sich den Kopf und wird zunehmend nervös. Die Unsicherheit wächst, weil das regungslose Pokergesicht des »großen Schweigers« keinen Schluß daraus ziehen läßt, was der jetzt wohl denken mag. Und was tun wir? Wir reden und reden. Vor Verlegenheit und Angst vor der »peinlichen Pause«. Dabei beginnen wir zu stottern und werden auch noch rot. Langsam macht sich eine unangenehme Leere in unserem Gehirn bemerkbar, und es scheint, als würde unser Gegenüber zu allem Überfluß auch noch spöttisch grinsen.

Die »peinliche Pause« im Gespräch ist fast jedem von uns schon einmal begegnet. Sie bringt uns schon deshalb so leicht aus der

Fassung, weil wir sie nicht erwarten. Weil wir an dieser Stelle etwas sagen würden, erwarten wir das selbstverständlich auch von anderen.

Die »peinliche Pause« trägt ihren Namen zu Recht, denn sie ist wirklich ebenso unangenehm wie peinlich. Sie ist nicht im Gespräch vorgesehen,
sie ist für uns weder faßbar noch logisch.
Wir kommen aus dem Konzept.

Die »peinliche Pause« nimmt, je länger sie dauert, drohenden, ja fast feindlichen Charakter an.
Ich kenne viele, die sich in einem solchen Augenblick rat- und hilflos vorkommen.

Anders würde es sein, wenn uns derartige Situationen täglich begegnen würden. Mit Alltagserscheinungen pflegen wir uns abzufinden. Auf die stellen wir uns ein.

Ja, das ist es.
Wie alles im Leben gehört zu Wissen, Können und Wollen auch die Übung.

Zuerst soll einmal festgestellt werden, daß beide vorgenannten Typen absolut keine üblen Menschen sein müssen. Sie können lieb und wert sein und viele Vorzüge haben.

Die vorstehend geschilderten Schwächen stellen im Regelfall auch beileibe keine böse Absicht dar. Der eine will Sie nicht totreden – nein, es gefällt ihm einfach. Und der andere hat vermutlich auch nicht vor, Sie in Verlegenheit zu bringen.
Er ist eben nur ein wortkarger Typ.

Was aber soll man mit dem »großen Schweiger« anfangen?

1. Sein Anliegen kurz und präzise vorbringen. Es sachlich begründen.

2. Sich durch ein »Hm« des Gesprächspartners und eine darauf folgende Pause nicht aus der Ruhe bringen lassen, sondern fragen: »Und was meinen Sie dazu?«

3. Sollte dann abermals nur ein knappes »Na-ja« folgen seien Sie bitte schön stur und fragen Sie: »Wie meinen Sie das?«

4. Befriedigt Sie auch die dann folgende kurze Antwort nicht, dann müssen Sie halt weiterfragen: »Und wie stellen Sie sich das vor? Können Sie mir das genauer erklären?«

5. Wenn das alles die »peinliche Pause« nur um kurze Zeit verschieben kann und sie tritt dann trotzdem ein, dann lehnen Sie sich genüßlich zurück, setzen ein liebenswürdiges, dabei vielsagendes Lächeln auf und schweigen auch.

Das wiederum wird dem »großen Schweiger« nur höchst selten passieren. Er merkt, daß er so nicht weiterkommt und wird sich, wenn auch unwillig, bequemen, das Gespräch weiterzuführen. Vorausgesetzt – es ist für ihn überhaupt interessant. Aber das sollten Sie ihm ja wohl vorher verdeutlicht haben.

Und nun spielen Sie das alles mal in Ihrer Phantasie durch. Bereiten Sie sich geistig auf einen derartigen Fall vor. Vorbereitet sein ist alles.

Wetten, daß Sie es schaffen?

Zusammenfassung:
→ Grundweisheit Erfolg =
- So wenig wie möglich falsch
- So viel wie möglich richtig machen
→ Hinweise zum Umgang mit "großen Rednern" u. "großen Schweigern"!

Richtiges Benehmen als Erfolgsfaktor

In meinem Buch »Erfolg – so nebenbei« habe ich mich bereits ausführlich mit dem Thema »Richtiges Benehmen – Zwang oder Selbstverständlichkeit« befaßt (Seite 45). Ich komme hier noch einmal ergänzend darauf zurück.

Zunächst ein paar grundsätzliche Feststellungen:

In einem freien Land ist es jedem gestattet, sich so zu benehmen, wie er will.
Vorausgesetzt, er verstößt dabei nicht gegen Gesetz und »gute Sitten«.

Jeder benimmt sich so, wie er es gelernt hat, wie er es gewöhnt ist oder einfach, wie es ihm gefällt. Außer er möchte mit seinem Auftreten bei anderen etwas Bestimmtes erreichen, einen ganz gewissen Eindruck hinterlassen. Dann wird er versuchen, sein Benehmen und sein Äußeres den Erwartungen des oder der anderen anzupassen. Zumal wir ja wissen, daß es wichtig ist, so wenig Fehler wie nur möglich zu machen. Und wenn uns nicht klar ist, was von uns erwartet wird, werden wir so vorsichtig sein, wie es eben geht.

Schlechtes Benehmen zahlt sich nicht aus. Nur muß man es eben als solches erkennen.

Wenn ich mich beispielsweise um eine Stelle bewerbe, werde ich es vermutlich vermeiden, dem mir bisher unbekannten Personalchef der betreffenden Firma gleich zur Begrüßung eine Zigarette hinzuhalten mit den Worten: »Dann wollen wir uns erst mal eine anstecken!« Um mir dann, falls er mit dem Hinweis ablehnt, er sei Nichtraucher, den Glimmstengel zwischen die Zähne zu schieben mit der jovialen

Bemerkung:
»Aber es macht Ihnen doch wohl nichts aus, wenn ich rauche?!«
Ich könnte es dem Personalchef nicht verdenken, wenn er dem, der so auftritt, einen erheblichen Mangel an Bildung unterstellen würde.

Da Benehmen, Kleidung und Haartracht natürlich auch stark von der Gegend geprägt sind, in der man lebt, sollte man bereit sein, sich anzupassen, wenn man andere Regionen bereist oder seinen Wohnort wechselt.

Besser man fällt überhaupt nicht auf – als unangenehm! –

Nun es ist ja bekannt, daß der Geschmack der Menschen verschieden ist, und Sie wissen, daß ich das gut finde. Die Kritiklosigkeit mancher Zeitgenossen sich selbst gegenüber gefällt mir schon weniger. Vor allem die oft damit verbundene Selbstzufriedenheit.

Der Nachrichtensprecher darf nicht die eigene Meinung ersetzen.

Ganz besonders schlimm aber finde ich diejenigen, die ihr schlechtes Benehmen mit dem Hinweis zu rechtfertigen versuchen, sie hätten gelesen, man dürfe das! Weil das jemand gesagt, geschrieben oder auch getan habe.

Es war einmal ein »Knigge«!
DAS Buch für gute Benehmensformen.
Heute zum Märchenbuch degradiert?
Keineswegs – wenn auch manches lockerer geworden ist. Doch immer noch sind richtige Benehmensformen ein Baustein im Erfolgsbaukasten.

Mit gutem Benehmen kann man beeindrucken, sich Achtung und Respekt erwerben, ja auch Freunde gewinnen.

Schlechtes Benehmen jedoch wirkt abstoßend. Nur wissen viele nicht, wie ihr Verhalten ankommt.
Weil sie schlechte Beobachter sind,
weil sie die Reaktion der anderen nicht deuten können,
weil sie gar nicht auf die Idee kommen,
es könnte etwas nicht stimmen oder weil es ihnen vollkommen »wurscht« ist!

Und immer wieder liest man irgendwo, daß man jetzt etwas dürfe, was vorher verpönt war. Zum Beispiel das Schneiden der Kartoffel mit dem Messer. Setzen wir mal voraus, daß es der Kartoffel ziemlich gleich ist, wie sie verzehrt wird. Gehen wir auch davon aus, daß die Tischsitten in Chicago, Bagdad und Düsseldorf durchaus verschieden sind, wobei in Chicago das Messer nur zum Schneiden vor dem Essen benutzt wird. Anschließend wird mit der rechten Hand die Gabel zum Mund geführt, während sich die linke Hand unter dem Tisch aufhält.

Im Orient verzichtet man weitgehend auf Messer und Gabel und nimmt die Hände.

Und in Düsseldorf – na, das wissen Sie ja selbst. Schön artig die Sachen mit dem Messer auf die Gabel schieben und dann »einmal für Papi und einmal für Mami«.

Wenn man nun zur Generation gehört, die von der lieben Mutter täglich zu hören bekam »Kartoffeln schneidet man nicht mit dem Messer!«, dann hat man sich vermutlich wohl daran gewöhnt, das auch nicht zu tun.

Im Zweifelsfall gibt es für Old-Germany eine Grundregel, die immer noch zutrifft – auch im

Es ist immer ratsam, sich so natürlich wie möglich zu geben. Ein gespreiztes und geziertes Benehmen kann lächerlich wirken.

feinsten Lokal: Schneide nur mit dem Messer, was Du mit der Gabel nicht zerteilen kannst. Es ist daher Sitte, einen Gemüseeintopf nur mit der Gabel zu essen. Und das Frühstücksbrötchen schmeckt einem auch im Hotel vermutlich besser aus der Hand. Warum sollte man es da wohl mit Messer und Gabel essen?! Zumal es weniger vornehm als lustig wirkt.
Wen möchte man damit beeindrucken?

Eine Kartoffel mit dem Messer zu zerschneiden, habe ich nie fertiggebracht. Das käme mir grausam vor.

So gehöre ich nicht zu den Menschen, die jahrelang unter der Vorschrift gelitten haben, Kartoffeln nicht schneiden zu dürfen und die jetzt befreit ausrufen: »Endlich! Die Fesseln sind von mir genommen. Jetzt darf ich der bösen Kartoffel mit dem Messer zu Leibe rücken!«

Weil irgendein Modernist das irgendwo geschrieben hat. Und wir das natürlich glauben müssen. Und jetzt endlich auch befolgen dürfen. Aber ehrlich: Für mich ist das ausgesprochen kalter Kaffee! Ich werde auch künftig die Kartoffel zart mit der Gabel zerteilen. Wer so brutal ist, sie zu zerschneiden, soll zugeben, daß er ein Rohling ist. Nur sollte er sich – bitte schön – nicht darauf berufen, er habe gelesen, man dürfe das jetzt.

Ich gebe zu, daß es sich bei der Kartoffel um ein simples Beispiel handelt. Doch begreifen sollten wir, daß nicht das für unser Handeln maßgebend sein kann, was uns irgendwo als neue Weisheit verkündet wird, sondern das, was wir nach gewissenhafter Prüfung als für uns und unser Leben richtig erkennen.

Höflichkeit und gutes Benehmen im Umgang mit unseren Mitmenschen zahlt sich aus.

Wer ein Lächeln empfängt, der lächelt zurück

Und so freuen sich beide.

Wer den Lebenserfolg sucht, wird sich daran gewöhnen müssen, gewisse Spielregeln einzuhalten. Wer etwas darstellen will, muß sich entsprechend verhalten.

Es zahlt sich immer aus, etwas höflicher zu sein

Wer aber, nur weil er etwas gelesen hat, in der Befolgung der guten Sitten nachläßt, statt sich ständig zu verbessern, der sollte sich nicht wundern, wenn gewünschte Erfolge sich nur zögernd einstellen, ja vielleicht sogar ganz ausbleiben.

Zusammenfassung:

- Mit gutem Benehmen kann man beeindrucken
- Was wir nach gewissenhafter Prüfung als richtig erkennen, ist für uns maßgebend
- Nur über bestimmte Spielregeln zum Lebenserfolg!

Der Spaßfaktor

Bitte zerbrechen Sie sich nicht den Kopf, was wohl mit diesem Begriff gemeint sei. Ich will es aber gleich vorwegnehmen:
Dem Spaß kommt im täglichen Leben ein hoher Stellenwert zu, denn

Lachen ist gesund

Wer wüßte das nicht?

Ein Beweis dafür, daß der Spaß ein wichtiger Bestandteil unseres Lebens ist.

Redensarten aber besagen, daß wir oftmals »nichts zu lachen haben«, daß einem »das Lachen vergeht« und daß man uns »den Spaß verdorben hat«.

In der Tat ist das Leben ernst genug.
Grund, uns zu ärgern, finden wir täglich.
Leider kommt die Freude dabei vielfach zu kurz.
Nicht deshalb, weil es nichts zu freuen gäbe.
Nur sind wir anscheinend zu gewissen Zeiten einfach mehr auf Ärger programmiert.

In einer ernsthaften Besprechung erscheint es uns nahezu unangebracht, mal eine humorige Bemerkung zu machen. Obwohl damit vermutlich die gespannte Atmosphäre gelockert und sich manche Stirn wieder glätten würde.

Es gibt viel zuviele Zeitgenossen, die Sachlichkeit mit Humorlosigkeit verwechseln. Ich kenne eine ganze Menge netter Leute, die am Verhandlungstisch steif, verklemmt und tierisch ernst auftreten. Als ob die Mama ihnen ans Herz gelegt hätte:

»Franz, benimm Dich! Die Leute sollen einen guten Eindruck von Dir bekommen!«

Doch damit tun wir weder den anderen noch uns einen Gefallen. In einer lockeren Runde spricht sich's leichter – fühlt man sich wohler. Trotzdem kann man auch mit freundlichem Gesicht hartnäckig seinen Standpunkt vertreten.

Freundlichkeit und Bestimmtheit im Auftreten lassen sich durchaus miteinander vertreten.

Es tut uns allen gut, mal richtig von Herzen zu lachen.
Na ja, wir wissen das schon.

Nur hat der eine eben mehr Grund dazu als der andere. Wer ständig im Aufwind lebt, kann sich auch öfter freuen. Ob er es tut, ist allerdings eine andere Sache. Schließlich ist das ja auch eine Frage der Mentalität.

Doch darum soll es jetzt nicht gehen, sondern um den »Spaßfaktor«. Bitte gestatten Sie mir zu diesem Begriff noch eine kleine Vorbemerkung:
Sie wissen ja, daß es modern ist, Begriffe zu erfinden, die allgemein Bewunderung auslösen – oder wenigstens Verblüffung. Weil man nicht weiß, was damit gemeint ist und den, der damit lässig umgeht, für einen »tollen Kerl« hält. Was sich ja wiederum einige clevere Zeitgenossen sehr zunutze machen.
Das aber habe ich hier wirklich nicht im Sinne gehabt.

Doch finden Sie nicht auch, daß lustige Menschen einfach netter sind? Daß Freude gesund ist für Leib und Seele und daß Spaß Verklemmungen löst?
Einfach, weil Spaß Spaß macht!!
Und wenn wir jetzt mal ganz locker sagen:

»Richtig – so ungefähr sehen wir das auch«, dann will ich Sie nicht länger auf die Folter spannen und zur Sache kommen.

Jeder von uns hat ja so seine Vorstellung vom Leben. Allerdings haben nur ganz wenige das Glück, daß die Wirklichkeit den Traum- und Wunschvorstellungen entspricht. Viele leben ganz anders, als sie es sich früher gewünscht haben. Die Pflichterfüllung spielt dabei eine wichtige Rolle.

Wie uns bekannt ist, muß einer jeden Handlung ein Motiv zugrunde liegen. Der Hunger beispielsweise ist ein logisches Motiv, um zu essen; die Kälte dafür, sich wärmer anzuziehen.

Wir tun nichts ohne Grund, auch wenn wir uns dessen nicht immer bewußt sind.

So tun wir vieles,
– weil wir es müssen,
– weil es von uns erwartet wird,
– weil es unser Beruf ist,
– weil wir uns der Familie anpassen,
– weil es uns vom Arzt verordnet wurde,
– weil wir glauben, es sei gesund
und aus vielen Gründen mehr.

Ich weiß nicht, ob es Ihnen auch so geht, aber kommt dabei der Spaß nicht oft zu kurz? Man kann seine Arbeit doch auch tun, seine Pflicht erfüllen, ohne dabei ein grimmiges Gesicht zu schneiden.

Man kann auch lächelnd ernsthaft sein, denn Lachen ist nicht unseriös!

Man kann eine schwere Aufgabe durchaus mit einem Scherz auf den Lippen beginnen, und man kann Tarifverhandlungen führen ohne verkniffen nach unten gezogene Mundwinkel.

Man kann freundlich »nein« sagen, denn die Sache muß mit der Person nichts zu tun haben.

Man kann zu vielen Gelegenheiten viel freundlicher sein, man kann – nein, man muß – dem Spaß viel öfter eine Chance geben! –

Etwas Unangenehmes zu sagen oder zu tun, ist an sich schon nicht erfreulich, wenn auch leider oft nicht zu vermeiden. Ein freundliches Gesicht, ein kleiner Spaß dabei ändert zwar die Sache an sich nicht, macht sie vielfach aber netter, freundlicher und menschlicher.

Wir müssen bedenken, daß dem oder den anderen eine Sache oder Situation genauso unangenehm sein kann wie uns selbst. Außerdem ist es rundweg falsch, wegen einer eventuellen Meinungsverschiedenheit den oder die Gesprächspartner anzuknurren oder gar zu beleidigen.

Da fällt mir ein weiser Spruch des englischen Rechtswissenschaftlers und Philosophen Josef Murphy ein, der da lautet:

Man kann durchaus verschiedener Meinung sein, ohne deshalb ausfallend zu werden

Und auch sein Landsmann Bernard Shaw sagte:

In der rechten Tonart kann man alles sagen, in der falschen nichts

Konsequenz, ja vielleicht sogar Härte in der Sache, schließt keineswegs Höflichkeit, Freundlichkeit und Liebenswürdigkeit im

Es ist für viele Menschen nicht leicht, Personen und Sachen zu trennen. Ein Grund mehr, es zu lernen!

Umgang miteinander aus. Wie gesagt wird ein kleiner Spaß dabei eventuelle Probleme kaum lösen, jedoch erheblich zur Auflockerung der oft gespannten Stimmung beitragen. Natürlich kommt es auf den guten Geschmack der Beteiligten an, die den Unterschied zwischen einem Witz und einer Zote kennen und ihren humorigen Beitrag zu dosieren wissen. Aber gerade der größte Blödsinn kann in einer verfahrenen und verspannten Gesprächssituation ein befreiendes Gelächter auslösen.

Um beim »Spaßfaktor« zu bleiben:
So wie jeder von uns seine Streicheleinheiten braucht, so ist das Bedürfnis nach Spaß ein durchaus ernstzunehmender Anlaß. Oft gibt es für gewisse Handlungen, die für Unbeteiligte keinen Sinn ergeben, nur einen einzigen Grund, nämlich den, Spaß daran zu haben.

Herrlich!!

Spaß der Freude wegen

Ein schöneres Motiv gibt es doch gar nicht! Etwas zu tun (oder zu lassen) einfach nur, weil es uns Spaß macht, das ist besser als die teuerste Medizin.

Auch wenn andere gar nicht darüber lachen können und verständnislos den Kopf schütteln – es macht uns einfach Spaß!
(Der natürlich nicht auf Kosten der anderen gehen darf!)

Der Spaßfaktor muß wieder entdeckt werden. Etwas scheinbar ganz Unsinniges anzustellen, nur weil's Spaß macht, das kommt fast einer Regenerierung gleich.

Natürlich ist das keine Aufforderung, etwas Ungesetzliches zu tun. Selbstverständlich müssen wir alles vor Gott, der Welt und uns selbst verantworten können.

Wer es jedoch verlernt hat, den Spaß als Motiv zu betrachten, der gehe sofort zum Spiegel und grinse sich an – solange bis er das Lachen nicht mehr verkneifen kann. Das ist ein guter Anfang. Wenn wir das richtig können, versuchen wir es mal bei einem anderen. Wetten, daß der zurücklacht, auch wenn er gar nicht weiß warum? –

Zusammenfassung

- Sachlichkeit nicht mit Humorlosigkeit verwechseln
- von Herzen lachen
- dem Spaß öfters eine Chance geben

Das Frage- und Antwortspiel

»Spiele der Erwachsenen« ist der Titel eines bemerkenswerten Buches von Prof. Eric Berne.
Es lohnt sich wirklich, darin zu lesen.
Nach Bernes Erkenntnissen spielen wir Menschen unser Spiel – bewußt oder unbewußt.
Daraus lassen sich gewisse Regeln ableiten.

Wenn es uns aber gelingt, die Reaktion auf eine bestimmte Aktion unsererseits vorauszuberechnen, können wir leichter Fehler im Umgang mit anderen vermeiden.

Ein Beispiel:
»Müssen Sie abends Ihren Fernsehapparat immer so laut stellen?« Eine Frage, die stark nach Bevormundung klingt und eine gereizte, wenigstens aber unfreundliche Antwort förmlich herausfordert: »Kümmern Sie sich lieber um Ihren Hund. Das nächtliche Bellen kann ich schon lange nicht mehr ertragen!«
Wie das Gespräch weitergeht, können Sie sich denken.

Auf eine freundliche Frage bekommt man fast immer auch eine freundliche Antwort.

Wenn ich aber weiß, wie meine Frage wirkt, kann ich sie ja auch anders stellen. »Schlafen Sie nachts auch so schlecht ein?« ist eine der Möglichkeiten, das Gespräch freundlicher zu gestalten.
Oder die Bitte um Rat und Hilfe:
»Können Sie mir einen Rat geben? Obwohl ich abends hundemüde bin, kann ich nicht einschlafen!«
Vielleicht kommt der Nachbar dann von sich aus auf die Gegenfrage:
»Habe ich etwa meinen Fernsehapparat zu laut

genau, was wir sagen, ja ob wir überhaupt etwas sagen sollen.

Das trifft naturgemäß nicht zu, wenn es sich um irgend etwas Belangloses handelt oder gar um eine für den anderen erfreuliche Mitteilung.

Obwohl selbst in einem solchen Falle Mißverständnisse nicht auszuschließen sind, je nachdem welchen Ton wir wählen, was für ein Gesicht wir dabei machen und ob der andere richtig zugehört hat.

Mit Schwierigkeiten ist sehr oft zu rechnen, wenn wir zum Ausdruck bringen wollen, daß
. . . uns die Handlung des anderen nicht gefällt,
. . . wir seine Auffassung nicht teilen,
. . . wir seinen Vorschlag nicht akzeptieren können,
. . . wir ihm seinen Wunsch abschlagen müssen,
. . . wir mit seiner Leistung nicht zufrieden sind,
. . . wir einen anderen Geschmack haben,
. . . wir einfach nicht seiner Meinung sind.

Schon der letzte Punkt kommt für viele einer persönlichen Beleidigung gleich. Dabei wird so viel von Toleranz und freier Meinungsäußerung gesprochen.

»Wie sag ich's meinem Kinde?«
In der Tat eine oftmals berechtigte Frage. –

Im Bestreben, meinen Wissensstand ständig zu erweitern, pflege ich in unregelmäßigen Abständen an Seminaren teilzunehmen. So nahm ich mehrfach Gelegenheit, mich auch über die Denkensweise der Jesuiten zu informieren.
Was mir unter anderem besonders gefallen hat, war folgende Lehre:

Diese Form unübertroffenen psychologischen Fehlverhaltens ist leider selbst bei intelligenten Menschen nicht auszuschließen.

»Positive Kommunikation« ist unbedingte Voraussetzung für gute Gespräche.

Wichtiger als der Inhalt eines Gespräches ist es, daß der Partner sich nachher wohl fühlt

Das wird er nicht, wenn ich ihn beschimpfe, ihm Schlechtes unterstelle, ihm Anerkennung versage, ihm Informationen vorenthalte, ihn negativ kritisiere, ihn nicht ausreden lasse, ihm nicht zuhöre und ihm meinen Standpunkt als unfehlbar und als »der Weisheit letzten Schluß« darstelle.

Er wird sich jedoch nachher wohl fühlen, wenn ich ihm Gelegenheit gebe, sich auszusprechen, wenn ich Verständnis für seine Situation, seine Gefühle, sein Denken und Handeln aufbringe, wenn ich Lobenswertes lobe und ihm so weit wie möglich ehrliche Sympathie entgegenbringe.

Dazu gehört allerdings eine Einstellung, die ich als »promenschlich« bezeichnen möchte. Man muß in der Lage sein, die Situation mit den Augen des anderen sehen zu lernen, mit seinen Gefühlen empfinden zu können.
Das ist verflixt schwer! Aber wir müssen das üben, wenn wir mit unseren Mitmenschen so gut wie möglich zurechtkommen wollen. Und gerade eine »positive Kommunikation« ist ein äußerst wichtiger Erfolgsfaktor.

Mancher wird sich die Frage stellen, was es wohl an einem Menschen, mit dem wir aus gewissen Gründen nicht einverstanden sind, zu loben gäbe? Nichts einfacher als das:
Sie brauchen ihn nur zu fragen!

Fragen Sie ihn nach Hobbies und besonderen Fähigkeiten. Da entdecken Sie mit Leichtigkeit

Dinge, über die Sie nur staunen können.
Und merken wir uns doch diesen weisen Satz:

Jeder kann irgend etwas viel besser als wir

Können Sie Billard spielen? Ich kann es nicht!
Sind Sie Bergsteiger? Ich käme vor Angst um!
Verstehen Sie etwas von Briefmarken? Ich habe keinen blassen Schimmer!
Sind Sie Sportflieger? Ich würde mir glatt in die Hose machen.
Können Sie singen? Das schaffe ich nur in der Badewanne! –

Na? Überzeugt?
Fragen Sie Ihre Mitmenschen mal, und Sie werden staunen, was die alles können. Da ist es doch federleicht, solches anzuerkennen, zu bewundern und ehrlich zuzugeben, daß man selbst davon keine Ahnung hat.
Und schon haben Sie der oder dem Betreffenden eine richtige Freude gemacht.

Anerkennung macht Freude

Vermeiden müssen wir unbedingt jede »Haarspalterei«, wie man eine allzu kleinliche Auslegung und Betrachtungsweise zu nennen pflegt. Dabei kommt nichts heraus.

Vielen fällt es schwer, beim Thema zu bleiben. »Ach ja, das wollte ich Dir noch sagen, und das andere stimmt ja wohl auch nicht. Und genauso gut könnte ich Dich fragen, warum Du dieses und jenes so machst?!«

Eine Anhäufung von negativ-kritischen Fragen und Bemerkungen. Da muß der

Ehrbare, Scheinbare und Unscheinbare

Daß wir uns recht verstehen:

> **Je mehr wir richtig machen,
> desto größer ist die Chance,
> erfolgreich zu sein**

Auf unserem Weg zum Erfolg wollen wir Fehler weitestgehend vermeiden. Auf der anderen Seite gilt es, so viel wie möglich richtig zu machen. Diese Tatsache müssen wir uns immer wieder klarmachen. Das ist enorm wichtig.

Nun wissen wir ja schon, daß eine der gefährlichsten menschlichen Schwächen die Neigung ist, andere und sich selbst völlig falsch einzuschätzen. Und da sehr viele Menschen die schlechte Angewohnheit haben, Fehler eher bei den anderen zu suchen (und naturgemäß auch zu finden!), kommen in der Beurteilung eben diese anderen im allgemeinen auch viel schlechter davon als wir selbst.

Die meisten halten sich für besser, als sie in Wirklichkeit sind. So überwiegt der Anteil der »Scheinbaren« gegenüber den wirklichen Persönlichkeiten.
Dazu gehören die sogenannten »Blender«, die angeben wie ein »Sack Sülze« und in Wirklichkeit hohl sind wie ein leeres Faß.

Wir haben – so hoffe ich jedenfalls – mittlerweile gelernt, uns nüchtern und selbstkritisch zu beurteilen. Was wir jetzt noch üben müssen, ist die reelle Einschätzung unserer Mitmenschen. Das bedeutet, wie bei der Ernte die Spreu vom Weizen zu trennen.

Natürlich gilt immer noch der gute, alte Satz:

Mehr sein als scheinen

Und viele pflegen auch danach zu leben.
Na ja, die Frage ist nur, woran man die verschiedenen Menschentypen erkennt und wie man sie unterscheidet.

Da ich dazu neige, Begriffe nicht zu verkomplizieren, sondern sie eher zu vereinfachen, will ich hier vier Grundtypen von Zeitgenossen vorstellen, die uns allen bekannt sind:

1. Die, bei denen Geist und Auftreten gleichermaßen bescheiden sind.

2. Solche, die über einen kleinen Geist und großes Gehabe verfügen.

3. Menschen mit innerer Größe und äußerer Bescheidenheit.

4. Wirkliche Könner mit »klotzigem« Auftreten.

Die unter 1. Genannten werden, von eventuellen unverhofften Erbschaften oder einer »reichen« Heirat abgesehen, kaum große Erfolgschancen haben. Sie sind im allgemeinen gar keine üblen Leute. Sie fallen kaum auf – daher auch nicht unangenehm. Man kann, wenn sie nicht zu verschlossen sind, recht gut mit ihnen auskommen.
Voraussetzung allerdings ist, daß man sie nicht überfordert.

**Wer nichts sagt,
kann auch
nichts Falsches sagen.**

Nun gleich zur dritten Gruppe, die, wie schon die erste, unsere Aufmerksamkeit verdient.

Dazu jedoch ein großes Maß an Hochachtung. Diese Menschen sind zweifellos besonders wertvoll. Leider laufen viele von ihnen unentdeckt herum. Man muß schon ein guter Menschenkenner sein, um sie zu finden. Ihnen sollte man zuhören, denn man kann viel von ihnen lernen.

Die letzte Gruppe verblüfft mich immer wieder.
Diese Typen treten auf wie »Graf Rotz«, so daß man sie für ganz miese Angeber hält. Und wenn die dann loslegen, kann man nur Bauklötze staunen.

Jedes Jahr im Skiurlaub erlebe ich dasselbe: Da sitzt abends so ein Blender an der Bar und sieht aus wie der griechischen Sage

entsprungen. Natürlich umgeben von den schönsten Frauen.
»Na, Dich möchte ich mal auf der Piste sehen!«, denke ich grimmig. Am nächsten Tag, wie könnte es anders sein, kommt er dann. Ein Skianzug wie aus dem Journal. Die breiten Schultern und schmalen Hüften bereiten mir allein schon Komplexe. Angewidert wende ich mich ab. Gottlob hat er den Sessellift hinter mir erwischt, so daß ich ihn beim Hochfahren nicht dauernd vor mir sehen muß. Oben angekommen, steige ich flott aus und muß mit ansehen, wie dieser Kerl lässig und elegant den steilsten Hang hinunterwedelt, um den ich mich gerade drücken wollte. Und das Gästerennen am Donnerstag gewinnt er auch.

Wirklich – erstaunliche Leute, die von der Gruppe 4. Man muß sie, wenn auch völlig wider Willen, einfach bewundern.

Und nun komme ich zu den »Brechmitteln« – denen mit der Nummer 2.

Man sagt zu Recht:
»Die kleinsten Töpfe kochen am leichtesten über.« Was können sich diese Leute aufblasen! Sie schnappen hier und da etwas auf und bringen das dann mit großem Gehabe. Zusammenhanglos und unbewiesen. Einfach nur, um etwas zu sagen und sich ins rechte Licht zu setzen. Sie beziehen sich dabei mangels eigener Zuständigkeit auf Rundfunk- und Fernsehsprecher, auf Zeitungsberichte sowie darauf, was »dieser« und »jener« gesagt habe.

Sie wissen einfach alles. Sie sind jederzeit mit einer Meinung bei der Hand, beißen sich dabei an Nebensächlichkeiten fest und haben selbstverständlich immer recht. Und sie lächeln vielsagend und überheblich, wenn sie zwischendurch Atem holen müssen. –

Diese »Untypen« interessieren sich nicht im geringsten dafür, wie es wirklich ist. Sie können und wollen auch anderen nicht zuhören. Warum auch? Selber sprechen ist schöner und befriedigt enorm. Und wenn man selbst der einzige ist, der das gerne hört. Denn unbelehrbar ist man auch noch!

So, Freunde, das wär's.
Haben Sie den einen oder anderen wiedererkannt?
Doch nicht etwa sogar sich selbst?
Wenn ja, können Sie schon wieder ein Erfolgserlebnis verbuchen. –

Und nun schätzen Sie doch einfach mal einen neuen Bekannten nach den vorstehenden vier Grundtypen ein. Wenn Sie ihn dann näher kennengelernt haben, wird sich ja zeigen, wie gut Ihr Urteilsvermögen schon ist.

Viel Erfolg! –

ZUSAMMENFASSUNG:

- soviel wie möglich richtig machen
- nüchtern u. selbstkritisch beurteilen
- vier Grundtypen (S. 111)

Die Macht der Worte

Gott gibt uns Menschen einen großen Freiraum, an der Gestaltung unseres Schicksals mitzuwirken. So bauen und zerstören wir nach unserem freien Willen.

Die Fähigkeit zu denken – in die eine oder andere Richtung – ist Voraussetzung für nachfolgende Handlungen. Denken und Handeln also sind zwei wichtige Komponenten unseres menschlichen Daseins.
Doch eine dritte Macht ist uns gegeben:
Die der wörtlichen Rede.

Was wir mit vorschnellen und unbedachten Worten anrichten können, dafür gibt es genügend Beispiele. Das ist auch der Grund, daß ich immer wieder auf dieses hochwichtige Thema zurückkomme. Ich weiß, wie schwer es ist, mit Worten richtig umzugehen, sie so einzusetzen, daß sie unseren geplanten Erfolg fördern, statt ihn zu verhindern. Daß sie uns Freunde schaffen und erhalten, statt sie zu vergraulen.
Man könnte ein dickes Buch darüber schreiben.

Unser Denken geschieht geräuschlos.
Wer sich beherrschen kann, dem ist nicht anzumerken, was er denkt. Die Indianer werden in dieser Kunst als Meister beschrieben.

An unserer Handlung kann man uns erkennen, denn was wir tun, wird kaum unbemerkt bleiben – außer wir tun es heimlich. Eine Tat ist meßbar und kann bewertet werden.
Man kann daraus Schlüsse ziehen.

Doch unsere Worte?

Worte allein bedeuten nichts

Nur im Zusammenhang erhalten Worte Gewicht.

Den Worten eines ehrbaren Menschen, der seine Ehrbarkeit durch seinen Lebenswandel unter Beweis gestellt hat, wird man Glauben schenken. Den gleichen Worten – spricht sie ein Lügner aus, also einer der sich als unehrlich erwiesen hat – wird man nicht glauben.

Wer einmal lügt,
dem glaubt man nicht, und wenn
er auch die Wahrheit spricht

Drohungen, von finsterem Gesicht und geballten Fäusten begleitet, wird man eher ernst nehmen, als wenn sie lächelnd, im Sessel zurückgelehnt, ausgesprochen werden.

Worte sind keine Taten

Mit Worten kann man Handlungen ankündigen, die man dann anschließend doch nicht ausführt.
Mit Worten kann man Tatsachen verdrehen und verfälschen. Mit Worten kann man Gefühle vortäuschen, die in Wirklichkeit nicht vorhanden sind.
Mit Worten kann man . . .
. . . beleidigen,
. . . sich entschuldigen,
. . . erzählen,
. . . informieren,

. . . Vorstellungen, Hoffnungen, Wünsche und Träume erwecken,
. . . drohen,
. . . bedauern,
. . . lügen und ehrlich sein.

Worte können Balsam sein und Wunden heilen. Sie können aber auch scharf wie Dolche sein und Wunden reißen.

Wären wir immer Herr unserer Sinne und unserer Gefühle, so würden wir stets überlegen, was wir sagen. Vor allem aber, wie es auf andere wirkt. Wenn wir jedoch erregt sind, rutschen uns leicht Worte heraus, die einen kaum wiedergutzumachenden Schaden anrichten können.

Ein unbedachtes Wort kann tief verletzen. Freundschaften können daran zerbrechen.

Erregung überträgt sich. Wer kann schon ruhig und überlegen bleiben, wenn er angeschrien wird?! So brüllt der eine, und der andere brüllt zurück. Die Worte wirken wie Waffen. Sie tun uns körperlich weh. Wut und Schmerz reizen den Getroffenen zu noch schärferen Worten, im Regelfalle von höherer Tonart und größerer Lautstärke begleitet.
Handgreiflichkeiten sind oft die Folge.
Welch unbeschreiblicher Wahnsinn!!

Denken wir am nächsten Tag darüber nach, was wohl der Grund für diese Entgleisung war, dann müssen wir vielfach fassungslos feststellen, daß eben nur ein Wort die Katastrophe ausgelöst hat.

Die Macht der Worte ist unbegrenzt.
Um dieser Macht nicht zu erliegen, gilt es, zwei bedeutende Regeln zu befolgen.

Erstens:

Erst denken – dann reden

Beiß Dich lieber auf die Zunge! Der Schmerz geht vorüber – und der andere spürt ihn nicht.

Wer weiß, welche Wirkung mit Worten (unbewußt oder bewußt) zu erzielen ist, wird lernen müssen, sich zu beherrschen. Er wird im entscheidenden Augenblick seinen Mund halten. Und wenn es ihm noch so schwerfällt. Er wird sich auch nicht provozieren lassen.

Das Motto muß sein:

Loben sollst Du sofort – das Schimpfen verschiebe auf morgen

Es ist wie bei der Suppe: Wer sie heiß probiert, wird sich die Zunge verbrennen. Wer warten kann, weiß, daß sie von selber kühler wird.

Bis dahin hat man sich wieder beruhigt, und die Wut hat sich gelegt. Dann wird es einem schwerfallen, all das auszusprechen, was man sich gestern vorgenommen hatte.
Und das ist gut so.
Darum besteht auch bei der heißesten Rede noch kein Grund zur Aufregung. Man muß wissen, daß sich der, dem wir gerade zugehört haben, in einer inneren Erregung befunden haben kann. Daß er vielleicht mit seinen Worten und der Art seines Auftritts bei uns bestimmte Emotionen erwecken wollte.

Die zweite Regel heißt:

Nicht jedem Wort folgt eine Tat

Auch hier gilt es, so schnell wie möglich »abzuschalten« und am nächsten Tag sich den Inhalt des Gehörten wieder vor Augen zu stellen. Vergessen wir dabei den Ton und gewisse Formulierungen. Beschränken wir uns auf den sachlichen Inhalt. Prüfen wir den auf Glaubwürdigkeit und Wahrscheinlichkeit der Durchsetzung. Dann werden wir – vorausgesetzt, wir haben einen gesunden Menschenverstand – sehr schnell wissen, woran wir wirklich sind.

Schlimm ist es, wenn bei einem Austausch von Unfreundlichkeiten die Rollen verdreht werden.

Ich meine das so:
Einer sagt etwas zu mir, das sich sehr nach Kritik oder einer Unterstellung anhört. Wie es wirklich gemeint war, sei dahingestellt. Ich jedenfalls bekomme das »in den falschen Hals« und reagiere »sauer«. Daraufhin ist der andere tödlich beleidigt. Er vertauscht einfach meine Reaktion mit einer Aktion, setzt sich darüber hinweg, daß er ja schließlich angefangen hat und ist mir böse.
Mein Hinweis darauf, daß ich doch nur »auf einen groben Klotz einen groben Keil« gesetzt habe, verfehlt bei ihm völlig seine Wirkung. Er wirft mir vor, mich im Ton vergriffen zu haben und erwartet dafür eine Entschuldigung. Um den Frieden wieder herzustellen, müßte ich also sowohl meinen Ärger über seine Kritik herunterschlucken und mich außerdem noch für mein Aufbegehren entschuldigen.
Wohl dem, der's kann!

Das ist so ähnlich wie die Geschichte von dem Manne, der einem anderen, dessen Gesicht ihm nicht gefiel, eine Ohrfeige versetzte.
Der Geschlagene schrie voller Schmerz und Wut:
»Bist Du verrückt, Du Affe?«

Darauf schlug der nochmals zu und sagte:
»Und das ist für den Affen!« –

Je mehr Menschen aufeinander angewiesen sind und je weniger sie sich ausweichen können, desto notwendiger ist ihr Streben nach Harmonie.

Wenn wir unser Denken und Handeln danach ausrichten, dann müssen wir uns hüten, mit unüberlegten Worten alles wieder zu zerstören.

Lernen wir, die Macht unserer Worte zu zügeln! –

ZUSAMMENFASSUNG:

- Mit Worten kann man aufbauen u. zerstören
- 2 Regeln
  - Erst denken – dann reden
  - Nicht jedem Wort folgt eine Tat

Ja – »aber . . .«

Da die meisten Handlungen mit Worten eingeleitet werden, kommt der Beherrschung der wörtlichen Rede in der Erfolgslehre eine große Bedeutung zu. Nicht umsonst haben redegewandte Menschen allgemein mehr Erfolg als andere.

Reden kann man lernen und Rhetorikkurse gibt es wie Sand am Meer. Doch wer keine Veranlagung hat, wird schon etwas mehr üben müssen.

Es ist zum Beispiel keine Frage, daß auch ein Unmusikalischer durchaus in der Lage ist, Noten zu lernen. Auch wird er begreifen, wie ein Instrument bedient werden muß, welche Klappe zu drücken, welche Taste anzuschlagen ist. Bei Saiteninstrumenten ist das schon etwas schwerer, und auch eine Zugposaune setzt musikalisches Gehör voraus.
Trotzdem:
Mit Fleiß und Willenskraft kann aus einem unmusikalischen Menschen durchaus ein Musiker werden, der sein Handwerk einigermaßen beherrscht. Ein »unmusikalischer Handwerker« sozusagen. Zum »ersten Geiger« in einem Symphonieorchester oder zum improvisierenden Jazzmusiker gehört allerdings etwas mehr.

Ähnlich so ist es auch mit der wörtlichen Rede. Wer gesund ist, kann sprechen lernen. Zwischen »Sprechen« und »Reden« jedoch ist schon ein Unterschied. Und der heißt »Talent«. –

Um nun aber auf das Wörtchen »Aber« zu kommen, will ich noch eine Vorbemerkung machen:
Das Wort »Aber« sagt aus, daß etwas doch nicht so sei, wie man es annehmen könnte. »Jedoch« und »Obwohl« zeigen in die gleiche Richtung.

Sie kennen doch die oft gebrauchte Redewendung:
»Denn erstens kommt es anders und zweitens als man denkt!«

Na ja – da wären wir ja schon beim »Aber«. Es wird ihnen doch auch schon öfter passiert sein, daß Gespräche etwa so verlaufen:

»Die Situation ist uns allen bekannt.
Ich schlage daher vor, mit der Ausführung unseres Plans noch in dieser Woche zu beginnen.«
Und dann kommt die Antwort:
»Im Prinzip stimme ich Ihnen zu, aber . . .«

Klar, was jetzt folgt.
Nichts anderes nämlich als ein »Nein« zu unserem Vorschlag.

Damit will ich erst einmal nur eine sachliche Feststellung treffen, denn wer von den Gesprächspartnern recht hat, soll hier nicht zur Debatte stehen. Auch ist es keinesfalls so, daß immer nur die anderen in dieser Form argumentieren würden. Vermutlich machen wir das von Fall zu Fall genauso. Und das ist ja auch völlig in Ordnung.

Das »Aber« ist an sich nichts Schlimmes und es muß auch durchaus nicht immer dem Gespräch eine negative Wendung geben.
»Ich wollte erst nicht kommen, aber Du sollst

heute nicht allein sein!«
Na, das ist doch etwas ganz Feines, oder? –

Doch zurück zum »Aber« und seiner Verwendbarkeit.
Da gibt es die »Ja – aber«-Methode.
In der Verkaufspsychologie bestens bekannt und auch schon ein wenig abgedroschen. Damit die nackte Wahrheit nicht friert, hängt man ihr ein wärmendes Mäntelchen um. Das zeigt man erst mal vor, um es dann mit einem »Aber« mehr oder weniger sanft wieder zu entfernen.

Dem Gesprächspartner – im Geschäftsleben also dem Kunden oder seinem Beauftragten – wird erst einmal zugestimmt. Darüber freut er sich vermutlich. Dann läuten wir mit einem »Aber« die Feststellung ein, daß es »in diesem besonderen Fall doch wohl nicht ganz so sei«. Worauf der sich immer noch freuende Mitmensch eher geneigt ist, dem beizupflichten.

Es spricht nichts dagegen, diese Methode anzuwenden, weil es vielfach besser ist, den anderen erst einmal auf das Thema einzustimmen, als »mit der Tür ins Haus zu fallen«.

Wer jedoch die Psychologie als Waffe glaubt benutzen zu müssen, dem kann ich nur wünschen, daß er damit gründlich auf den Bauch fällt. Bleiben wir also beim »freundlichen Tricksen«, denn das können wir vor uns und der Mitwelt verantworten.

Psychologische Kenntnisse sollen uns helfen, unnötige Schwierigkeiten zu vermeiden, nicht aber andere »aufs Kreuz zu legen«.

Hüten wir uns jedoch vor Übertreibung. Denn irgendwann wird es selbst einem nicht so beschlagenen Zeitgenossen auffallen, wenn einem »Ja« mit nahezu tödlicher Sicherheit ein »Aber« folgt.

Damit wäre dann der Trick entlarvt, künftig wirkungslos und – mehr noch – für den Trickser, der's nicht merkt, eher gefährlich. Denn der, dem »also Schlechtes widerfährt« (in Umkehrung des Werbespruchs eines bekannten Weinbrandherstellers) wird künftig förmlich darauf warten. Und er wird sich, was viel schlimmer ist, als »für dumm verkauft« vorkommen. Das wiederum wäre das Ende einer Partnerschaft, gleich ob geschäftlich oder privat. –

Erfahrene Zuhörer wissen, daß sich das »Ja – aber«-Spiel meistens schon vorher andeutet. Und daß man es auch mit anderen Begriffen spielen kann.

Beispielsweise so:
»An und für sich« finde ich das »durchaus« prima. (Da kann man doch förmlich riechen, daß jetzt eine Einschränkung kommen muß!) »Nur« sollte man »vielleicht« berücksichtigen (aha – da ist es!), daß man auf einem anderen Wege besser zum Ziele käme. (Und damit ist es dann heraus.)

Diese Formulierung würde jedem Politiker Ehre machen!

Ich gestehe, daß auch ich bisweilen zu dieser Umschreibung greife. Wenn ich genau weiß oder mit an Sicherheit grenzender Wahrscheinlichkeit vorauszusehen glaube, daß der oder die direkt Angesprochene erst ein wenig vorbereitet werden muß.

Nicht jeder verträgt zu jeder Zeit von jedem jede Wahrheit

Lassen Sie mich zusammenfassend feststellen, daß man sich vor jedem zu führenden Gespräch konzentrieren muß:

Wer ist es, mit dem es zu sprechen gilt?
Wie steht er vermutlich zu dem zu besprechenden Thema? Kann man erfahrungsgemäß einen offenen, sachlichen und möglichst direkten Ton wählen?
Wenn ja, dann sollten wir das »Ja« vom »Aber« trennen. Vorausgesetzt, ein »Aber« wäre überhaupt erforderlich:
»Dem ersten Teil Ihres Vorschlages stimme ich vorbehaltlos zu. Den zweiten glaube ich noch nicht ganz verstanden zu haben. Darf ich mir dazu noch folgende Fragen erlauben . . .?«

»Ja«, es wäre wirklich erfreulich und nervenschonend, wenn man sich mit jedem so sachlich unterhalten könnte, »aber . . .«

ZUSAMMENFASSUNG

- Reden kann jeder gesunde
- zur Rhetorik braucht man TALENT
- JA - ABER sehr offenkundig
- offene, klare Sprache u. das JA vom ABER trennen

Der Kuckucksstatus

Der Kuckuck »ruft« nicht nur »aus dem Wald« – wenn Sie sich an das schöne, alte Lied aus Jugendzeiten noch erinnern können. Er legt auch seine Eier in fremde Nester! Liebevoll brütet dann eine Spatzenmutter, bis ein nimmersatter Vielfraß dem Ei entschlüpft. Der wird immer größer, sein Hunger steigt in gleichem Maße, und die arme Spatzenfamilie kann Überstunden machen, falls die gesetzlich noch erlaubt sind.

Wenn wir Menschen uns mal so unter unseren Zeitgenossen umsehen, dann kann man sich bisweilen des Eindrucks nicht erwehren, daß zunehmend mehr von uns diesen »Kuckucksstatus« für sich in Anspruch nehmen.

Zum einen, indem sie anderen ein folgenschweres Ei ins Nest legen – zum anderen, indem sie sich benehmen wie ein frisch ausgebrüteter Kuckuck. Bekanntermaßen gibt es das nicht erst seit heute, und ganz besonders im politischen Bereich kann man davon ein Liedchen singen. Edel ist das wohl kaum, denn wer ein Ei legt, der sollte es gefälligst auch selbst ausbrüten.

Bedauerlicherweise handeln jedoch immer mehr Menschen nach dem alten Spruch:

Säen will keiner,
aber ernten wollen sie alle

Hier trifft der »Kuckucksstatus« voll zu: Man setzt sich hin und sperrt das Maul auf! Gott und die sozialen Segnungen werden's schon möglich machen.

Da – so meine ich – kommt uns allen eine recht bedeutsame Aufgabe zu, nämlich die, unsererseits aktiv zu werden.

Ich kann allen, die aus eigener Kraft etwas geschaffen haben, nur zurufen:

Nehmt diese Faultiere liebevoll aber streng unter Eure Fittiche und bringt sie auf den rechten Weg. Wer schamvoll schweigt, der macht sich mitschuldig am immer lauter und frecher werdenden Geschrei der Schmarotzer.

Seid mutig, Leute! Sagt, was Ihr denkt! Weder mit Schweigen noch mit Beschimpfung und Geschrei werdet Ihr etwas ändern.

Geht Ihr aber mit gutem Beispiel voran, denn das ist unbedingte Voraussetzung, um glaubhaft zu sein, und habt Ihr den Mut, den jungen Kuckucken rechtzeitig das Säen beizubringen, dann wollen wir sie am Ernten gerne teilhaben lassen.

Und jetzt noch einmal in aller Deutlichkeit:

Vielen von uns sind solche Mißstände bekannt. Wir ärgern uns zwar darüber, aber wir dulden sie. Und wir beklagen uns an der falschen Stelle, indem wir der »Zeit«, der Regierung und den sogenannten »anderen« Vorwürfe machen.

Aber auf den einfachsten und wirkungsvollsten Weg kommen wir oft nicht – nämlich darauf, selbst aktiv zu werden. Weil's unbequem ist, es uns »eigentlich« nichts angeht und weil wir uns nicht den Mund verbrennen wollen.

Doch genau das ist falsch.
Sogenannte »vornehme Zurückhaltung« ist hier völlig fehl am Platz.

Wir alle haben Rechte – aber auch Pflichten. Fast jeder kennt seine Rechte sehr genau, doch wer ist sich schon über seine Pflichten klar?

Eine unserer wichtigsten ist, Verantwortung zu übernehmen. Für uns und unser Handeln. Eine vorbildhafte Erziehung unserer Kinder gehört dazu. Wenn alle Eltern allein auf diesem Gebiet ihre Pflicht tun würden, so wäre es schon viel besser um uns bestellt.

Wer früh dazu erzogen wird, Verantwortung zu übernehmen, dem wird vermutlich eher ein »Kuckucksdenken« fremd bleiben. –

Wenn wir jedoch auf einen »Kuckuck« treffen, dann sollten wir bedenken, daß ein solcher kein »Untier« ist, sondern ein Vogel, wie jeder andere auch.

Und auch ein Mensch, der den »Kuckucksstatus« für sich beansprucht, ist deshalb kein Unmensch oder gar ein Verbrecher. Er ist schlicht einer von uns, denn in jedem Menschen ist sowohl das eine als auch das andere zu finden – mal mehr, mal weniger.

Bringen wir ihm daher Liebe und Verständnis entgegen statt Haß und Intoleranz.

Außerdem ist Mitverantwortung und Mut zum Handeln immer besser als Schuldzuweisung und feige Passivität.

Schließlich sind wir alle auf Liebe, Toleranz und Verständnis ständig angewiesen.

Zusammenfassung:

- Kuckucksstatus
- Säen will keiner, aber ernten alle
- Rechte u. Pflichten genau aufführen
- Eigenverantwortung u. Mut zum Handeln zeigen
- Liebe, Toleranz u. Verständnis aufbringen

Etwas über Hemmungen

Das könnte ich nicht! Einfach so auf einen anderen zugehen und sagen: »Ihre Lederjacke gefällt mir. Bitte, wo haben Sie die gekauft?« Was sollte der wohl von mir denken?!

Und damit wären wir dann auch schon beim alten Thema: Es ist für uns alle immer wieder enorm wichtig, was andere von uns denken. Aus diesem Grund richten wir unser Handeln auch fast immer danach aus, daß wir uns damit die Zustimmung »anderer«, uns zum Teil nicht einmal bekannter Menschen sichern.

Doch abgesehen davon, will ich jetzt näher auf die schon sprichwörtlichen Hemmungen eingehen, die mehr oder weniger jedem von uns bekannt sind.

»Das hätten Sie doch gleich sagen sollen«, bekommt man oft zu hören, wenn man sich endlich traut, etwas zu sagen.

Hemmungen – was versteht man darunter? Ganz einfach:
Ich will etwas sagen oder tun, und »irgend etwas« hält mich davon zurück. Ich möchte zwar, glaube aber es nicht zu »können«. Dabei sind Hemmungen lästig. Sie kosten Zeit, weil sie Entscheidungen unnötig verzögern.

Dafür gibt es ungezählte Beispiele:
Den Chef um etwas zu bitten oder ihn auf Mißstände hinzuweisen, fällt vielen schwer. Die Ungewißheit, wie er gerade im letzteren Fall reagieren wird, hält uns zurück. Und die Angst, sich dadurch eventuelle Nachteile einzuhandeln.

Viele von uns können nicht »Nein« sagen. So drücken sie sich um eine Antwort herum und weichen aus. Obwohl lächelnd »Nein« zu sagen ehrlicher ist. Aber wer kann das schon? Versuchen wir doch, es zu lernen!

Voraussetzung dabei ist, zu wissen, daß man dem anderen in Wirklichkeit damit einen Gefallen tut. Nun schwebt er nicht länger im unklaren, sondern weiß, woran er ist.

Im übrigen ist es auch nur eine Frage der Übung, Negatives positiv auszudrücken.

Ich gebe Ihnen dazu einige Beispiele mit dem Hinweis, daß jetzt »waschechte Psychologie« auf Sie zukommt. Ich bin ganz sicher, daß Sie dadurch keine »Hemmungen« bekommen weiterzulesen. Im Gegenteil!
Denn Psychologie ist ständig um uns, auch ohne besonders darauf hinzuweisen.

Aber das wissen Sie längst. Und Sie kennen auch meine Auslegung dieses Begriffes:
»Für mich ist Psychologie schlicht die Lehre von den menschlichen Verhaltensformen. Zu wissen, warum wir Menschen so und nicht anders sind.«
(Der Wesensstern*), Seite 10)

Und nun zu den Beispielen.
Ich stelle dabei negative Fragen und Aussagen den gleichen in positiver Form gegenüber:

Negative Aussage:
»Sie machen das grundfalsch!«

Positive Aussage:
»Sic können das bestimmt noch besser machen!«

Negative Frage:
»Ist Ihnen klar, welchen Mist Sie da fabrizieren?«

Positive Frage:
»Welchen Weg würden Sie wählen, zu einem noch besseren Ergebnis zu kommen?«

Suggestivform negativ:
»Sie müssen doch erkennen, daß Sie einfach zu blöd dafür sind!«

Suggestivform positiv:
»Sie wissen doch selbst, daß Sie zu wesentlich größeren Leistungen in der Lage sind!«

Bitte entscheiden Sie sich für die positiven Beispiele. Und machen Sie ein freundliches Gesicht dabei. Denn das Gesicht ist immer ein wichtiger Beweis für die Aufrichtigkeit Ihrer Worte! –

Ich glaube, daß die Beispiele verständlich waren. So gilt es nun, in positiver Form mit seinen Hemmungen fertig zu werden. Beginnen wir doch einmal bei der eigenen Familie: Selbst nach vielen Ehejahren hat mancher noch nicht oder nicht mehr den Mut, mit dem anderen über seine Empfindungen, Vorstellungen und Wünsche offen zu sprechen, auch und besonders auf sexuellem Gebiet. Ein ehrlicher Gedankenaustausch zwischen den Partnern würde todsicher in vielen Fällen ans Licht bringen, daß die Vorstellungen der einen Seite durchaus auf Verständnis bei der anderen Seite stoßen, wenn nicht sogar voll geteilt werden. –

Nun sind Hemmungen an sich ja auch gar nichts Schlechtes. Eher im Gegenteil. Sie veranlassen uns, über unsere Handlungen nachzudenken, bevor wir sie ausführen. Sozusagen als Selbstkontrolle.
Sind die Hemmungen dann nicht so stark, kann der Vorsatz immer noch in die Tat umgesetzt werden. Vielleicht in einer korrigierten,

angepaßten oder eleganteren Form. Wer Hemmungen hat, einem anderen weh zu tun, wird erst nachdenken, ehe er ihn anschreit.

Hemmungslosigkeit kann im Extremfall durchaus zu Super-Egoismus führen und vielfach die Regeln der Höflichkeit und der guten Sitten sprengen.

Nun ist der Drang, sich zu enthemmen, naturgemäß bei denen besonders groß, die glauben, normalerweise etwas zu versäumen, nicht auf ihre Kosten zu kommen.

Ein weltweit beliebtes Mittel, sich von Hemmungen zu befreien, ist der Alkohol.

Ganz zu schweigen von jeder Art weicher oder harter Drogen, die nicht nur enthemmen, sondern auch noch Situationen, Empfindungen und Fähigkeiten vorspiegeln, die der Betreffende in Wirklichkeit niemals erleben würde. So hat ja schon mancher unter Drogeneinfluß die Arme ausgebreitet und sich in der Annahme, er könne fliegen, aus dem Fenster gestürzt.

Doch bleiben wir beim Alkohol.
Ein paar Hemmungen weniger täten dem einen oder anderen schon ganz gut. Doch allzuviel ist auch hier ungesund.

Ich habe das schon auf mancher Betriebsfeier, leider auch auf Weihnachtsfeiern erlebt!
Da hat sich dann irgendein Mitarbeiter vor einem halben Jahr über etwas geärgert. Er fühlte sich nicht richtig verstanden. Sei es, daß er glaubte, bei einer Beförderung übergangen worden zu sein, oder daß ich ihn auf der Straße nicht freundlich gegrüßt haben würde.

Nun – hätte er keine Hemmungen gehabt, würde er mich doch gleich bei aktuellem Anlaß darauf angesprochen haben. Das tat er aber nicht.
Doch auf der Weihnachtsfeier – nach der dritten Strophe von »Laßt uns froh und munter sein« – stand er dann plötzlich vor mir:
»Und das wollte ich Ihnen schon lange sagen! Das können Sie mit mir nicht machen!! . . .«
Was vier Bier und drei Schnäpse ausmachen!
Jedenfalls war an diesem Abend meine Stimmung restlos »im Eimer«.

Kurz heraus: Betrunkene sind für mich ein Greuel!
Außer man merkt ihnen nichts an.
Manche lassen sich ja vollaufen, sind dabei eine Seele von Mensch, bis sie friedlich lächelnd umfallen und unter dem Tisch zu schnarchen beginnen.

Die meisten jedoch werden in irgendeiner Form lästig, ja oft sogar aufdringlich. Sie sprechen lauter, wissen alles besser, werden streitsüchtig, vergessen ihre gute Kinderstube, benehmen sich wie ungezogene Gören, entdecken ungeahnte draufgängerische Ambitionen, versuchen permanent, andere zum Mittrinken zu animieren – und sei es mit mehr oder weniger Gewalt.
Kurzum – für mich Grund genug, schleunigst das Weite zu suchen.

Nun sollten Sie meinen Worten allerdings nicht entnehmen, ich sei Abstinenzler. Beileibe nicht!
Nur benehme ich mich nicht gerne daneben und möchte auch meinen Mitmenschen den Anblick eines schwankenden und stammelnden Mannes ersparen.

Klar – ich war auch schon blau und das mehr als einmal.
Da war der Wein stärker oder der Schnaps schneller als ich.
Als Enthemmer jedoch habe ich den Alkohol niemals gebraucht. Hand drauf! –

Bleibt abschließend die Frage, was man gegen Hemmungen tun soll?
Da gibt es, wie auf vielen anderen Gebieten, kein Patentrezept. Zumal es grundverschiedene Situationen sein können, in denen wir plötzlich Hemmungen haben und in denen jeder anders reagiert.

Zuerst müssen wir lernen, die Hemmungen als solche zu erkennen und sie nicht einfach als gottgegeben hinzunehmen. Dann sollten wir die daran beteiligten Personen und Geschehnisse sorgfältig aufzeichnen und darüber eine Zeitlang Buch führen. So kommen wir vermutlich zur Erkenntnis, daß sich die Situationen, in denen wir Hemmungen empfinden, gleichen. Nun müssen wir uns ehrlich die Frage beantworten, was an der Begebenheit hätte anders sein müssen, damit wir uns frei und ungebremst gefühlt haben würden. Dadurch erkennen wir vermutlich das Motiv.
Ist uns das wiederum klar, sollten wir nach anderen Wegen suchen, um zum gleichen Ziel zu kommen. Das ist in jedem Fall einfacher, als gewaltsam zu versuchen, seine Hemmungen loszuwerden.

Hemmungen sollte man behandeln wie Krankheiten. Erst wenn man den Erreger kennt, kann man ihn wirkungsvoll bekämpfen.

Ich kann Ihnen auch nur raten, mit den betreffenden Personen ein offenes Gespräch über Ihre eventuellen Probleme zu führen. Gelegenheit dazu wird man finden, wenn man sie sucht. Dabei sollte das »Drum und Dran« stimmen.

Wetter, Laune, Gemütlichkeit, Feierabend und positive Einstellung gehören dazu. Und ein freundliches Gesicht.

Wenn Sie Ihre Schwierigkeiten frei bekennen, werden Sie vielfach erleben, daß Sie von der anderen Seite gerade da auf Verständnis stoßen, wo Sie es am wenigsten erwartet hätten.

ZUSAMMENFASSUNG:

- Was ANDERE von uns denken ist oft sehr wichtig für uns
- Hemmungen halten mich zurück, etwas zu tun oder zu sagen
- Lernen, freundlich "NEIN" zu sagen
- Negatives positiv ausdrücken mit offenem, freundlichem Gesicht
- Erreger der Hemmungen wirkungsvoll bekämpfen

Freude am Reden

In der Tat: Reden ist schön!
Mit Worten kann man Welten bauen. Man kann fragen, behaupten, erzählen, lästern, loben und vieles mehr! –
Man kann das »Blaue vom Himmel« lügen und die Zuhörer zumindest irritiert zurücklassen. Außer man könnte uns das Gegenteil beweisen.

Man kann sagen, was man will.
Vorausgesetzt, es fällt einem etwas ein.
Was aber machen wir, wenn uns nichts einfällt?

Die einfachste Lösung wäre vermutlich zu schweigen. Doch stellen Sie sich das einmal vor: Nichts zu wissen, ist schon schlimm genug! Aber nun auch noch aufs Reden verzichten?!

Für manchen ist es schwieriger, den Mund zu halten, als Juckreiz zu ertragen.

Wir sprachen ja schon darüber. Wer nichts weiß und auch nichts sagt, fällt wenigstens nicht unangenehm auf. Doch wozu haben wir schließlich unseren Mund?
Ja, Reden ist schon eine feine Sache!

Nun haben ja auch manche Zeitgenossen ansonsten nicht viel vorzuweisen. Weder Geist noch Erfolge.
Also bleibt nur die Sprache.
Was man nicht ist und hat, gibt man vor. Mit Worten.
Die einfachste Sache der Welt.
Was man nicht weiß, wird mit klug klingenden Sätzen überdeckt. Auch wenn die anderen uns für Schwätzer halten – wen kümmert das schon?!

Reden macht frei!
Wir können uns darstellen, wie wir sein möchten (aber meistens nicht sind!).

Wer wenig weiß, sagt einfach alles doppelt.

Zum Beispiel so:
»Ich habe mir gestern ein Paar Handschuhe gekauft. Die braucht man ja auch, wenn es kälter wird, nicht wahr? Ich habe draußen nämlich richtig gefroren. Da dachte ich, ich sollte mir ein Paar neue Handschuhe kaufen. Die alten habe ich im letzten Winter beim Schneeschaufeln getragen. Dabei sind sie eingelaufen und sehen nicht mehr gut aus. Da bin ich kurzerhand ins Geschäft gegangen und habe mir ein Paar neue gekauft, denn die alten hätte ich nicht mehr tragen können. Und frieren möchte ich ja schließlich auch nicht. Also habe ich mir einfach ein Paar neue gekauft!«

Na?
Auch schon mal so einem Typ begegnet?

Aber was soll man machen?
Wer gerne redet, dabei aber nicht viel weiß, der muß schon einiges mehrmals sagen.
Immerhin kriegt man damit die Zeit ganz schön herum. –

Angst vor Schelte

Die Angst, gescholten zu werden, bestimmt einen Teil unseres Denkens und Handelns – gleich ob bewußt oder unbewußt. Entsprechend ist unsere Reaktion auf Entschuldigung, Rechtfertigung und Schuldablehnung ausgerichtet.

Die Feststellung »Unsere Kaffeekanne ist kaputt« wird uns daher nur selten zu der Antwort veranlassen: »Oh, wie schade! Da werden wir eine neue kaufen müssen.« Weit eher beginnen wir zu stottern: »Ich war es aber ganz bestimmt nicht!«

Besonders Fragen wie: »Wer hat denn das schon wieder gemacht?« erwecken in uns böse Erinnerungen an die Kindheit. Vor unserem geistigen Auge trifft uns der strenge Blick unserer Eltern, der darauf schließen ließ, daß ein Gewitter im Anzug war.

Allein die Fragestellung ließ erkennen, daß wir in den Augen unserer Eltern etwas falsch gemacht hatten, daß jetzt von uns ein »Bekenntnis« erwartet wurde, dem wiederum mit einiger Sicherheit die Strafe folgen würde. Mindestens aber ein Verweis. So etwas prägt sich ein. Das vergißt man nicht, gleich wie alt man wird.

Geht es Ihnen auch so, daß Sie dann und wann in Ihren Träumen wieder Kind sind? Ich sitze darin immer wieder auf der Schulbank und habe nicht die geringste Ahnung, wie ich die Fragen des Lehrers beantworten soll. –

Wie es kommt, daß Erwachsene oft reagieren wie Kinder, beschreibt Prof. Eric Berne in seinem Buch »Spiele der Erwachsenen«.

Nun hat die Frage »Wer hat denn das schon wieder gemacht?« gerade durch die beiden Wörter »schon wieder« einen herausfordernden Beigeschmack.
Doch selbst auf die Frage »Wer hat das Salz in die Suppe getan?« mit einem einfachen »Ich!« zu antworten, fällt uns bisweilen schwer. Obwohl darauf durchaus ein erleichtertes »Gott sei Dank! Ich hatte es nämlich vergessen« folgen könnte.

Trotzdem überwiegt bei uns die Sorge, etwas falsch gemacht zu haben. Wir fürchten uns vor einer Rüge und den damit verbundenen Folgen. Auch vor einer Bloßstellung, einer Blamage anderen gegenüber.

Unsere Reaktion ist ein deutliches Zeichen von Unsicherheit. Wir sind uns nicht im klaren darüber, ob wir wirklich richtig gehandelt oder vielleicht doch einen Fehler gemacht haben.

Die Unsicherheit ist dabei um so größer, je weniger unsere vorangegangene Handlung überlegt und geplant war. Bei einer guten Vorbereitung, verbunden mit entsprechenden Zwischenkontrollen, kann dagegen kaum etwas passieren.

Wer gut plant, alle Eventualitäten vorher überlegt und dann bei der Durchführung beide Augen offenhält, der hat auch große Chancen, erfolgreich zu sein. Der wird sich vermutlich auch durch Fragen wie »Wer hat denn das schon wieder gemacht?« nicht aus der Fassung bringen lassen.

Machen, vormachen, verstehen, nachmachen

»Machen« heißt, eine bestimmte Tätigkeit auszuführen. Wenn man weiß, wie's geht und sein Fach beherrscht, ist das schon eine feine Sache.

Erst wenn man versucht, das nun einem anderen beizubringen, können Probleme auftreten. Dann kann es soweit kommen, daß man es nach einigen vergeblichen Versuchen aufgibt und stöhnt: »Der Dummkopf kapiert das ja doch nicht!« Doch an diesem Lehrvorgang waren ja immerhin zwei beteiligt. So ist die Möglichkeit nicht ausgeschlossen, daß wir als Lehrer versagt haben, denn auch Lehren will gelernt sein.

Das Wissen um eine bestimmte Sache und die damit verbundenen Zusammenhänge, das Beherrschen einer Materie und die Fähigkeit, eine Tätigkeit optimal auszuüben, sind eben nur die eine Seite. Und vormachen allein bringt auch noch nichts – außer der eventuellen Anerkennung durch den, der in diesem Falle die Rolle des Schülers spielt.

Je perfekter allerdings die »Vorführung« ist, desto größer kann die Angst des Schülers werden, der nun fürchtet, daß er es doch niemals schaffen wird, das auch nur annähernd so gut nachzumachen.

Natürlich lernt man durch üben. Je öfter desto besser!
Doch auch das genügt nicht:
Zuerst muß der Sinn des Ganzen eingesehen werden.
Wer nicht weiß, wofür das gut ist, was er da

Motivation nennt man es, anderen »den Mund wässerig« zu machen.

machen soll, der wird auch nur mit halbem Herzen bei der Sache sein.

Außerdem ist sich, von mikroskopisch kleinen Ausnahmen abgesehen, jeder Mensch der Nächste.
Das heißt: Jeder interessiert sich zuerst für sich selbst!
(»Erfolg – so nebenbei«, Seite 9–13)

Unser eigener Vorteil ist uns daher im Regelfalle wichtiger als der anderer Leute.

Das »Ich« ist uns wichtiger als das »Du«

So muß ein guter Lehrer glaubhaft darstellen können, daß der Schüler durch das Erlernen des Lehrstoffes Nutzen haben wird.

Einfühlungsvermögen und die Fähigkeit, den Lehrstoff richtig zu dosieren, machen einen guten Lehrer aus.

Die größte Schwierigkeit für den, der eine Lehraufgabe übernimmt, wird es jedoch sein, seine Lehrmethode auf die Persönlichkeit des Schülers, auf dessen Veranlagungen, Charaktereigenschaften und Fähigkeiten einzustellen. Wer glaubt, einem anderen mit der »Brechstange« – also nur durch Befehle und notfalls sogar mit Gewalt – etwas beibringen zu können, der ist auf dem Holzwege.

Meine Worte richten sich im übrigen nicht an die »gelernten« Lehrer, die »richtigen« Pädagogen, bei denen psychologisches Verhalten zur Tagesordnung gehört, sondern an die große Schar der »Amateurpädagogen«. Vielleicht sollte ich besser sagen, der »pädagogischen Laien«. An die also, die von einer Sache eine Menge verstehen und daraus den Trugschluß ziehen, das genüge, um nun andere »schlau« machen zu können. Und da sind wir ja mehr oder weniger alle angesprochen.

Ein besonders tragisches Kapitel ist die Kindererziehung. Viele Eltern und Erziehungsberechtigte versagen da vollkommen. Manche Familie kann nur als Tummelplatz »Freud'scher Fehlleistungen« bezeichnet werden.

Das Schlimme ist, daß aus falsch erzogenen Kindern Erwachsene werden, die auf pädagogischem Gebiet nichts hinzulernen; ihrerseits Kinder kriegen, mit denen sie dann jahrelang machen können, was sie wollen und das leider auch tun:
Sie überschütten sie mit Liebe, ohne sie rechtzeitig zu lehren, Verantwortung zu übernehmen. Sie tun alles für ihre Kinder, von dem sie glauben, daß es für sie gut sei.

Dabei gehen sie von ihrem eigenen Geschmack, ihrer eigenen Vorstellung aus und von dem, was in »unserer Jugend« Sitte und Mode war. Das hat auch für die Kinder gut zu sein.

Sie erfüllen ihren Kindern jeden Wunsch und glauben, das genüge, um glücklich zu sein. Sie verbieten, ohne das Warum zu erklären. »Weil ich es so will!« Das ist die schlechteste Erklärung. Sie bemerken nicht, daß die jungen Menschen sich verändern, haben keine Zeit, wenn sie gebraucht werden oder fallen den heranreifenden Kindern mit ständigen Fragen oder Belehrungen auf die Nerven.
»Wir früher . . .«

Sie lassen ihren Ärger an den Kindern aus, weil die sich nicht wehren können. Sie rächen sich

an ihren Kindern für ihre eigene Jugend.
Sie . . ., ja, was tun sie noch?
Man könnte diese Aufzählung wohl noch um einige Seiten ergänzen.

Ich habe hier aber gar nicht vor, etwa einen Rundumschlag zu verteilen, der mich ebenso treffen würde, denn auch ich bin ein Vater. Viel wichtiger erscheint mir die Bitte an alle Eltern, sich ehrlich die Frage zu beantworten, ob sie bei der Methode ihrer Erziehung diese voll und ganz auf ihr Kind ausgerichtet haben. Auf ihr Kind nicht als Opfer, sondern als liebenswerten Mittelpunkt der Familie.

Wobei eben dieses Kind völlig andere Eigenschaften besitzen kann als die Eltern.

Jeder Mensch ist anders

Jeder hat auch das Recht dazu.
Das müssen wir Eltern uns merken.

Ein Mensch ist nicht deshalb schlechter, weil er anders ist als wir

Und wenn wir musikalisch sind – unser Kind muß es nicht sein.

Mein Vater pflegte auch im strengen Winter ohne Schal zu gehen. Ich fror schon, wenn ich das nur sah und mußte mich dafür als »Weichling« bezeichnen lassen.

Wenn unser Kind anders denkt und fühlt als wir, dann sollten wir ihm Gelegenheit geben, sich uns anzuvertrauen. Es gilt, seine Art, sein Denken und Handeln zu verstehen, ja zu akzeptieren! Unser Kind verdient unsere Liebe und unser Verständnis, besonders wenn es ganz anders ist als wir! –

Auch in der Arbeitswelt gilt es zu begreifen, daß »machen« und »vormachen« noch nichts mit »verstehen« und »nachmachen« zu tun haben muß.
Wenn ein Vorgesetzter ohne Rücksicht auf Mentalität, Aufnahmefähigkeit, Veranlagung, Charakter und Einstellung seine Anordnungen erteilt, darf er sich bisweilen nicht wundern, wenn der Angesprochene zwar hört, doch nicht versteht. Oder er versteht, was er soll, aber nicht, wofür das gut ist. Vielleicht stellt sich von seinem Standpunkt die Sache ganz anders dar.

Wer also durch unverständliche Anordnungen anderen die Arbeitsfreude vermiest, kann nicht mit guten Ergebnissen rechnen.

Machen wir den Mitarbeiter zum Partner.
Merke: Aufklärung ist Anerkennung!

**Wer freudig schafft –
schafft doppelt gut**

Nun plädiere ich gewiß nicht dafür, in Betrieben parlamentarische Debatten einzuführen. Nur sind für mich Menschen unvergleichlich wichtiger als Maschinen! Grund genug, ihnen auch mehr Aufmerksamkeit zu widmen.

**Erst kommt der Mensch –
dann die Maschine**

Ein besonderes Gebiet, auf dem sich Lehrer aller Kategorien tummeln, ist der Sport.
Da läuft ein Skilehrer wie ein Weltmeister und

will einfach nicht begreifen, daß ein Schüler im Nebel oder auf eisglatter Piste plötzlich nicht mehr von der Stelle kommt, Obwohl er sonst doch selbst an Steilhängen munter mithält.

»Komm schon! Was hast Du denn? Die Strecke bist Du doch am Mittwoch noch gefahren. Also los – stell Dich nicht so an!«

Der Schüler aber stellt sich gar nicht an. Er hat schlichtweg Angst! Da der Moosgruber Toni, oder wie der Skilehrer gerade heißen mag, selbst aber Angst in derartigen Situationen nicht kennt, kann er sich auch nicht in den zitternden Schüler hineinversetzen. Also versucht er, ihn zum Weiterfahren zu bewegen. Was er ihm damit nimmt, ist jedoch nicht die Angst, sondern die Lust und das Vertrauen. –

Ein Sportlehrer muß ein guter Psychologe sein. Wer sich nicht in seine Schüler hineinversetzen kann, den sollte man auch nicht auf die Menschheit loslassen.

So wie ein guter »Macher« kein guter »Lehrer« sein muß, steht auch keineswegs fest, daß ein guter Fachmann zum Vorgesetzten taugt. So hat mancher Spitzenfußballer später als Trainer versagt. Die jeweiligen Aufgaben sind eben ganz verschieden. Wer das nicht begreift, wird Fehler in Kauf nehmen müssen – und gerade das wollen wir ja vermeiden.

Fehler kann man aber nur vermeiden, wenn sie als solche erkennbar sind. Wer kritiklos und instinktlos handelt, wer seine Augen und Ohren nicht gebraucht, der wird vermutlich auch nichts hinzulernen.

Nur wer Fehler als solche erkennt, kann sie vermeiden.

Haben Sie einmal bewußt im Anzeigenteil Ihrer Heimatzeitung geblättert? Dann wird Ihnen aufgefallen sein, daß mancher, der eine Anzeige aufgab, diese vermutlich selber entworfen hat. (Und sich dann noch wundert, wenn sich niemand darauf meldet!)

Eine Anzeige wirkungsvoll zu gestalten und zu plazieren, ist nicht Aufgabe eines Kaufmannes, sondern eines Werbefachmannes.

Und vermutlich kennen Sie auch den Herrn Mayer, der zu seinem Konstrukteur sagte: »Sie haben das Ding entworfen – also müssen Sie es auch verkaufen können!«

Fehlzündung, lieber Herr Mayer.
Entwickeln, Konstruieren und Bauen sind die Voraussetzung. Auch eine marktgerechte Kalkulation gehört dazu. Verkaufen aber hat etwas mit Psychologie zu tun. Was nützt Ihnen der beste Fachmann, der dem Kunden sagt: »Was Sie bisher gemacht haben, das können Sie auf den Abfall werfen. Jetzt werde ich Ihnen mal zeigen, wie das richtig ist!«

Wetten, daß der Kunde stinksauer wird ob dieser Belehrung?
Selbst wenn der andere recht hat!
Aber darüber sprachen wir ja auch schon an anderer Stelle. –

Der König ist tot – es lebe der König

Man kann einfach nicht verlangen, daß jeder auf allen Gebieten ein Experte ist.

Für den Fall, daß der eine oder der andere nun nicht gleich weiß, was es mit dem König auf sich hat, werde ich versuchen, Ihr Gedächtnis etwas aufzufrischen:

Ein lebender König war schon zu früheren Zeiten für sein Volk wichtiger als ein toter. Starb also einer, dann mußte so schnell wie möglich ein neuer her. Kündigte sich der Tod des alten Königs über einen längeren Zeitraum an, stand im Regelfalle der Nachfolger schon in den Startlöchern. In einem solchen Falle wurde der neue König unmittelbar nach dem Ableben seines Vorgängers gekürt. So kam es zu dem Ausspruch: »Der König ist tot – es lebe der König!« Und schon setzte der Jubel des Volkes ein. Der Verstorbene war von diesem Augenblick nur noch ein Stück Vergangenheit. Auch wenn er der beste, gütigste und gerechteste Mensch war, der sein Volk viele Jahre wie ein Vater regierte. Jetzt hatte die Macht ein anderer – die Macht über Leben und Tod. Da war es klug und vorteilhaft, schnell dem neuen Herrscher seine Ergebenheit zu demonstrieren.

Ein Sprung in die Gegenwart lehrt uns, daß sich daran im Prinzip bis heute nichts geändert hat.

Wichtig ist nur, wer Macht hat

Wer abgetreten ist, wird schnell vergessen. Es ist oft betrüblich festzustellen, wie Menschen, die nicht mehr in Amt und Würden sind, plötzlich an Interesse verloren haben und einsam am Rande stehen.

Leider heißt für viele die Devise:
»Wer uns nicht nützlich sein kann, für den lohnt sich auch keine Anstrengung.«

Für den, der nicht mehr im Amt ist dagegen, heißt es:
»Bist Du was, dann kriegst Du was, bist Du nichts, dann kriegst Du nichts!« Nicht mal mehr Aufmerksamkeit.

Es ist wirklich traurig, mit anzusehen, wie manch eine Persönlichkeit, die Bedeutendes für andere getan hat, wenn sie in den Ruhestand tritt, von heute auf morgen der Vergessenheit angehört. Doch so war es, und so wird es auch wohl bleiben.

Daher muß jedem, der eine gewisse Zeit im Blickpunkt des Interesses steht, angeraten werden, sich rechtzeitig auf die Zeit »danach« vorzubereiten. Manchem, der sich zu sicher fühlte und glaubte, das würde für ihn kein Problem werden, ging es wie einer Blume, der die Sonne nicht mehr scheint.

Wer sich nicht beachtet fühlt, verkümmert

Kinder, die Liebe oder auch nur Beachtung vermissen, erfinden die seltsamsten Krankheiten, um die Aufmerksamkeit der Eltern – besonders der Mutter – wieder auf sich zu lenken. Das ist speziell der Fall, wenn ein zweites Kind zur Welt kommt und das Erstgeborene die Mutterliebe, die vorher ihm allein gehörte, plötzlich teilen muß.

Nun geht das nicht nur Kindern so. Auch Erwachsene kommen da auf allerhand Ideen. In extremen Fällen kann der Wunsch um Beachtung bis zum Selbstmordversuch gehen. Der in den meisten Fällen allerdings so ausgeführt wird, daß das »Opfer« noch rechtzeitig gerettet werden kann. –

Wer im Leben erfolgreich sein will, muß sich stets bemühen, sich selbst und sein »Umfeld« richtig einzuschätzen. Das erspart spätere Enttäuschungen und Sie wissen ja:

Enttäuschung ist die Folge einer Fehlerwartung

Erfolgserlebnisse aber sind erfreulicher! –

Die Auseinandersetzung

Schon das Wort sagt es aus:
Hier ist nicht von etwas Verbindendem die Rede. Man setzt sich auseinander, von einander weg, entfernt sich voneinander, trennt sich.

Dabei kommt es – wie bei so vielem – auf das Ergebnis an. Eine harte »Auseinandersetzung« ist im Endeffekt nur eine solche, wenn sie das Ende einer Verbindung zur Folge hat. Was allerdings eine spätere erneute Annäherung nicht ausschließen muß.

Gewiß ist eine »Auseinandersetzung« bei Unvereinbarkeit der Standpunkte keine Seltenheit und muß nicht gleich ein nationales Unglück sein. Trotzdem mag ich »Auseinandersetzungen« nicht und versuche, sie – so weit wie möglich – zu vermeiden.

Freude ist so wichtig wie das tägliche Brot.

Ich neige vom Typ her eher dazu, Freundschaften zu schließen und Verbindungen zu schaffen, die ich mich dann auch bemühe zu erhalten. Das mögen professionelle Streithähne ganz anders sehen.

Vielen geht es eben doch nur darum, »recht zu haben«, und es stört sie überhaupt nicht, wenn der Partner frustriert das Gesprächsfeld verläßt.

Bezeichnend dabei ist, daß nicht die Tatsachen als solche schon »Auseinandersetzungen« sind oder solche nach sich ziehen müssen. Nein, die beginnen dann erst mit der Unterhaltung.

Was sich in einer solchen abspielen kann und was sich sonst ganz vernünftig wirkende

Menschen da gegenseitig an den Kopf werfen können, ist oft nur schwer zu begreifen.

Unsachlichkeiten, Unterstellungen, Behauptungen, Vermutungen und Beleidigungen am laufenden Band. Emotionen beherrschen das Feld, man schaukelt sich gegenseitig hoch und die »Auseinandersetzung« ist vorprogrammiert, obwohl man nur zu einer »klärenden Aussprache« zusammenkam.
Daß nachher jeder auf den anderen »sauer« ist, muß nicht betont werden. Vielfach zu Unrecht übrigens, denn jeder sollte lieber auf sich selbst »böse« sein!

Welch haarsträubende Fehler hier gemacht werden können, wollen wir nun einmal untersuchen. Beschränken wir uns dabei auf die wesentlichen:

1. »Du bist Schuld! Du hättest das nicht machen sollen!«
   Schuldzuweisung erweckt Ärger, fordert Widerspruch und Rechtfertigung heraus. Oder man gibt einfach dem anderen die Schuld zurück.

2. »Das hast Du ja schon mal gemacht!«
   Und wenn schon! Jeder kann mal einen Fehler machen. Altes Essen aufzuwärmen bringt nichts. Reaktion wie unter 1.

3. »Das kannst Du ja gar nicht beurteilen!«
   Dem anderen Fähigkeiten abzusprechen, heißt, ihn für dumm zu erklären. Ein »Gegenschlag« ist vermutlich die Antwort.

4. »Du lügst!«
   Eine böse Unterstellung. Selbst wenn sie

stimmen sollte, ist nun vom anderen eine Gehässigkeit zu erwarten.

5. »Wer so denkt, kann nicht klar im Kopf sein!«
   Mit anderen Worten: »Du spinnst!« Wieder eine Beleidigung. Wer so argumentiert, kann bei dem anderen kein Einlenken voraussetzen.

6. »Das lasse ich mir von Dir nicht bieten!«
   Antwort: »Ach, rutsch mir doch . . .!« Oder erwartet man im Ernst jetzt eine Entschuldigung?

Diese Aufzählung ließe sich unschwer fortsetzen. Was hier zum Ausdruck kommt, ist das Fehlen jeglicher psychologischer Grundkenntnisse. Hier wird nicht argumentiert, sondern Ärger abgelassen.

Vom eigenen Standpunkt sieht die Sache oftmals ganz anders aus als vom Standpunkt eines anderen.

Ich habe einem solchen Streitgespräch vor nicht allzu langer Zeit beigewohnt. Die Akteure waren honorige, fähige und auf ihren Gebieten durchaus erfolgreiche Persönlichkeiten. Da beide überzeugt waren, im Recht zu sein, und die Schuld für (übrigens völlig unnötige!) Mißverständnisse jeweils dem anderen zuwiesen, kam es zu einer unschönen »Auseinandersetzung«.

Nur wer sich auf andere einstellen kann, wird für deren Einstellung Verständnis haben.

Beide, später von mir auf die dringende Notwendigkeit einer erneuten Wiederannäherung hingewiesen, waren prinzipiell einverstanden. Nur »müsse der andere ja schließlich einsehen . . .«
Falsch, falscher – am falschesten!!
Wer sich verständigen will, wer Einigkeit sucht, darf keine Bedingungen stellen. Richtig ist das Angebot eigener Zugeständnisse.

Ich kann nun nicht umhin, auf einige Grundsätze hinzuweisen, die wir alle beachten müssen:

Man kann andere nicht ändern, sondern nur sich selbst

Jeder kann beschließen, sich zu ändern – vorausgesetzt er sieht dazu einen überzeugenden Grund. Ob ihm das dann gelingt, ist allerdings eine andere Frage. Es kommt dabei darauf an, den Fehler als solchen zu erkennen und seine Ursachen herauszufinden. Das ist genau wie in der Medizin. Nur wer die Ursache kennt, kann sie wirkungsvoll bekämpfen.

Dazu gehört dann allerdings auch eine gehörige Portion Entschlußkraft und Durchsetzungsvermögen. Und Ausdauer natürlich.

Das alles kann man mit sich selber machen – aber eben nicht mit einem anderen. Dem kann man höchstens Ratschläge geben, auf die er dann hört oder nicht. Will er sich dann ändern, wird er sich vermutlich bemühen. Will er nicht, helfen auch unsere besten Ratschläge nichts.

An diesem Beispiel sollte eindeutig erkenntlich sein, daß alle Anstrengungen, einen anderen zu ändern, sinnlos sind, da sich – und ich wiederhole es nochmals sehr eindringlich – ein Mensch nur ändert, wenn er es kann und will.

Was ich kann und will, bezieht sich aber immer nur auf mich selbst. Aus diesem Grund ist es nötig, einzusehen und sich damit abzufinden, daß es viel erfolgversprechender ist, den Hebel bei sich selber anzusetzen. Nur der eigene Wille untersteht einem selbst. Auf den Willen des anderen – und darauf kommt es ja an, wenn sich einer ändern soll – haben wir im Endeffekt kaum oder gar keinen Einfluß.

Wenn also zwei Menschen, die zwangsläufig miteinander zu tun haben, nicht harmonieren, ist es viel leichter, sich dem anderen anzupassen, als das von ihm zu verlangen.
Wenn man will, natürlich!
Und wenn einem die Harmonie etwas wert ist!

Setzt man sich allerdings »aufs hohe Roß« und sagt: »Ich denke gar nicht daran, dem anderen entgegenzukommen!«, dann mag das zwar ein enorm befriedigendes Gefühl sein, aber weiterbringen tut's einen nicht!
Wenn der andere nämlich genauso denkt, dann wäre es besser, sich einen anderen Partner zu suchen oder sich mal ernsthaft mit einem Psychologen zu unterhalten.

Und, bitte, Drohungen vermeiden. »Wenn nicht, dann . . .!« So kann man sich nicht einigen.

Da wird man dann erst einmal begreifen müssen, daß man ein »Friedensangebot« nicht mit einer gleichzeitigen Forderung verbinden darf. »Aber nur, wenn Du . . .« Das ist einfach borniert! Wir müssen lernen, uns ernsthaft zu entschließen, mit gutem Beispiel voranzugehen. Damit geben wir dem anderen die Chance, von sich aus zu sagen: »Gut! Ich mache mit!«. Stellen wir aber Bedingungen, kann diese Tatsache allein Grund für eine neue saftige Streiterei sein!
Ob wir das je begreifen?! –

Ebenso wichtig ist es zu wissen, daß die Feststellung »Du ärgerst mich ja schon wieder!« sachlich falsch ist.

Man kann nur sich selbst ärgern, niemals jedoch einen anderen

(Der Wesensstern*), Seite 27 und 28)

Der andere allerdings kann dazu die Gründe liefern, absichtlich oder unabsichtlich, bewußt oder unbewußt.

Wer sich beherrschen kann, wer es versteht, die Dinge mit Humor anzusehen, wer sich selbst nicht allzu ernst nimmt, wer verträglich und tolerant ist, wer bereit ist, anderen eventuelle Fehler nicht zu verübeln, der wird sich auch viel weniger ärgern als andere.

Als solche beispielsweise, die nur auf einen Grund warten, einzuschnappen. Die nie bereit sind, mal eine spitze Bemerkung zu überhören. Denen der tägliche Ärger fast so wichtig ist wie das tägliche Brot, und die sich einfach nicht wohlfühlen, wenn sie mal keinen Grund haben, sich zu ärgern.

Doch gleich warum man sich ärgert, es ist unfair, andere darunter leiden zu lassen.
Was kann meine Frau dazu, wenn mir im Büro Akten auf den Kopf gefallen sind?
Was kann meine Sekretärin dazu, wenn ich schlecht geschlafen habe?

Es ist mehr als ungezogen, wenn man Wehwehchen oder schlechte Stimmungen an anderen ausläßt. Sie anknurrt, ihnen den »Brummelmann« vorspielt oder ihnen nur ein unfreundliches Gesicht zeigt. Und da gerade das Gesicht im Umgang miteinander eine so bedeutende Rolle spielt, will ich diesem Thema das nächste Kapitel widmen.

Das Gesicht als Stimmungsbarometer

Gerade bei Menschen, die in einem besonderen Verhältnis zueinander stehen, die sich lieben, ehren, achten, schätzen, erfordert der Umgang miteinander ein außergewöhnliches Einfühlungsvermögen.

Dabei ist es nicht mit bloßem Reagieren getan. Man kann nicht nur abwarten, wie sich der andere verhält. Man muß von sich aus Akzente setzen, immer wieder Anregungen geben. Liebe und Anerkennung müssen stets aufs neue verdient, ja erkämpft werden!

Das ist auch im Geschäftsleben und im politischen Bereich nicht anders. Besonders schwierig ist es, wenn zwei Persönlichkeiten miteinander zu tun haben, die sich einen gewissen Machtbereich teilen. Um so mehr trifft das zu, wenn sich die Grenzen der Zuständigkeit überschneiden. Hier ist ein besonderes Fingerspitzengefühl vonnöten.

Auch das Auftreten muß bedacht und dosiert sein. Je gewichtiger ein Mensch ist, je mehr Macht er hat, desto tiefer sind die Eindrücke, die sein Auftreten hinterläßt.

Ebenso wichtig ist der Grad der Verbindung. Je freundschaftlicher diese ist, desto schmerzhafter kann ein allzu hartes Auftreten wirken.

Es gibt doch so viele Möglichkeiten, anderen Menschen Freude zu bereiten. Die einfachste, die überhaupt nichts kostet – außer vielleicht ab und zu einer kleinen Überwindung –, ist ein freundliches Gesicht – ein kleines Lächeln!

Ein freundliches Gesicht und ein kleines Lächeln sind die einfachsten Formen der Höflichkeit

Die Indianer hatten sich da ganz anders in der Gewalt. Ihr Gesicht verriet weder Freude noch Schmerz. Das können heute nur noch die Pokerspieler.

Ich finde es aber auch völlig in Ordnung, wenn Menschen Gefühle haben und auch zeigen. Das unterscheidet sie wohltuend von Computern.

Ein ständiges »Pokerface« wäre selbstverständlich kaum zu ertragen. Aber das meine ich ja auch gar nicht. Nur sollte man seine Mitmenschen nicht unverdientermaßen mit einem brummigen Gesicht bestrafen, wenn sie das gar nicht verdient haben.

Dabei sind sich die meisten überhaupt nicht darüber klar, was sie gerade für ein Gesicht machen. Schließlich hat man ja auch nicht immer einen Spiegel dabei.
Auch sind sich viele keineswegs bewußt, welche Wirkung ihr Gesichtsausdruck bei anderen hervorruft.

Auch was man unbewußt tut, kann böse Folgen haben.

Das alles ist Grund genug, sich ausführlich mit den verschiedenen Grundgesichtern zu befassen.

Da haben wir

1. Das Gesicht, was einem der liebe Gott verliehen hat. Und da man das hat, ist es das »Hatgesicht«.

2. Das Gesicht, was man gerade macht, weil einem danach zumute ist.
   Das ist das »Machgesicht«.

3. Das Gesicht, das man zeigt. Mit dem man etwas Bestimmtes ausdrücken möchte: Überlegenheit, Ahnungslosigkeit, Harmlosigkeit, Furchtlosigkeit und dergleichen.
   Das wäre dann das »Zeiggesicht«.

Eine allzu flüchtige Beurteilung des Gesichtsausdrucks kann zu falschen Schlüssen führen.

Gesichter formen sich im Laufe der Jahre. Sie sind ein Spiegel des Charakters, der Seele, der inneren Einstellung und auch der vielen Erlebnisse. Kranke Menschen, die mit Schmerzen leben, und andere, die viel Leid erfahren haben, tragen die Spuren davon deutlich erkennbar in ihrem Gesicht.

Wer sich damit befaßt, wem das Schicksal seines »Nächsten« etwas bedeutet, der wird lernen, diese Merkmale richtig zu deuten.
Für den Ungeübten allerdings ist es oft schwer, zwischen einem »Hatgesicht«, einem »Machgesicht« und einem »Zeiggesicht« zu unterscheiden.
Das vor allem, wenn man einem Menschen das erste Mal gegenübertritt. Kennt man ihn länger und ist man ein guter Beobachter, dann wird einem vermutlich eine Veränderung des Gesichtsausdrucks dem gewohnten gegenüber sofort auffallen.

So ist es gewiß manchem von uns noch in guter (oder auch schlechter!) Erinnerung, daß wir als Schüler, mit schlechten Zensuren oder gar Zeugnissen heimkommend, erst mal das Gesicht des Vaters sorgfältig prüften. Lag die Stirn in Falten oder waren die Mundwinkel verkniffen und heruntergezogen, dann schien es ratsam, sich erst einmal schleunigst zu verdrücken, statt das Risiko eines Donnerwetters auf sich zu nehmen.

Auch wird man wohl, bevor man den Chef um eine Gehaltserhöhung bittet, die Sekretärin fragen:
»Was macht der Alte denn heute für ein Gesicht?«

Hier wird das Gesicht als Stimmungsbarometer benutzt.
Wer sich da auskennt, ist anderen deutlich überlegen. Der wird jemanden, dem der Zorn aus den Augen sprüht, kaum fragen, wie es ihm geht.

Es gibt übrigens ein großes Angebot an Informationen über die sogenannte »Körpersprache«.

Arme verschränkt, Hände geballt, Kopf gesenkt, die Finger trommeln auf dem Tisch, die Beine sind übereinandergeschlagen, die Fingerspitzen werden gegeneinandergepreßt und bilden ein »Dach« – und, und, und!

Viele seriöse Seminare bieten sich an, Vorträge und Artikel finden Sie immer wieder.
Selbst die beliebten »Erkenne-Dich-selbst-Spielchen« in verschiedenen Boulevard-Zeitschriften geben oft gute erste Anhaltspunkte.

Nur darf man nicht den Fehler machen, die »Körpersprache« losgelöst von anderen wichtigen Erkennungsmerkmalen sozusagen »für sich« zu betrachten.

Je mehr Informationen vorliegen, desto sicherer ist das Ergebnis – wie auf so vielen anderen Gebieten der Technik und der Wissenschaft.

Das Gesicht spricht – wie auch der Körper – seine eigene Sprache. Ich meine, es würde sich lohnen,diesem Thema mehr Aufmerksamkeit zu schenken. Man könnte ein ganzes Seminar nur dem Gesicht, seinen verschiedenen Ausdrucksformen und deren Bedeutung widmen. Und nicht nur, um den Gesichtsausdruck anderer zu deuten, sondern um zu lernen, sein eigenes Gesicht besser zu beherrschen!

Ich betone nochmals, daß ich keinesfalls für ein sogenanntes »Pokerface« plädiere, welches grundsätzlich keinerlei Gefühlsregungen zeigt. Wir müssen es jedoch lernen, unseren Gesichtsausdruck zu kontrollieren und zu beherrschen. Nur so können wir es vermeiden, unnötigen Schaden anzurichten.

Ein Beispiel soll das verdeutlichen:
Auf dem Weg zu einem guten Freund traf ich einen Kerl, der mich in ein unsachliches und äußerst unangenehmes Gespräch verwickelte. Stark verärgert trat ich dann meinem Freund gegenüber.

Dieser verhielt sich ungewohnt zurückhaltend und für meine Begriffe fast unfreundlich. Endlich fragte ich ihn:
»Sag mal – hast Du etwas gegen mich?«
Seine Antwort:
»Nein, aber ich nahm an, Du wärest böse auf mich. Jedenfalls glaubte ich, das Deinem Gesichtsausdruck entnehmen zu können!«

Verstehen Sie, was ich meine?
Es war meine Schuld! Wie konnte ich nur mein verärgertes Gesicht meinem Freund zeigen?!
Hätte ich mich ihm wenigstens anvertraut:
»Junge, hab' ich mich eben geärgert! Sollte ich deshalb verkniffen gucken – das hat nichts mit Dir zu tun. Am besten, Du erzählst mir erst mal einen ›saftigen‹ Witz!«

Dann wäre doch alles gut gewesen.

So aber faßte ich sein Gesicht als eine »Aktion« auf. Es war jedoch nur eine »Reaktion« auf mein Gesicht. Unser Gesicht ist eben oft eine Widerspiegelung des Gesichtsausdrucks, der uns von anderen dargeboten wird.

Wäre man in der Lage, »Aktion« und »Reaktion« immer richtig zu erkennen, würden manches Mißverständnis und daraus entstehende Verstimmung vermeidbar sein.

Schaut uns jemand brummig an, sollten wir daher erst einmal prüfen, wie wir ihn denn vorher angeschaut haben. Und ihm durch eigene Freundlichkeit Gelegenheit geben, sich zu entspannen, statt ihn zu fragen:
»Was machst Du denn für ein Gesicht?«

Übrigens kann ich Ihnen nur empfehlen, öfter mal zu lächeln. Wetten, daß in den meisten Fällen der andere dankbar zurücklächelt? –

Noch ein paar Erfolgstips

Alles hat seinen Grund, seine Ursache. So lernt man schon in der Schule, wie es kommt, daß es regnet. Man erfährt die Ursachen von Blitz und Donner, und schon ein kleines Kind weiß, daß man mit Zucker die Speisen süßen kann.

Der Umgang miteinander, die sogenannte menschliche Begegnung bleibt für viele von uns ein Zufallsprodukt. Mit dem einen kommen wir zurecht, mit dem anderen nicht. Der eine ist also ein feiner Kerl, der andere ein »blöder Affe«!
So einfach machen wir uns das. –

Doch alles hat seinen Grund. Auch die Tatsache, daß wir für den einen positive und für den anderen negative Gefühle empfinden.

Vieles haben wir schon gelernt. Wir wissen, daß unsere Einstellung, unser Auftreten anderen gegenüber zum erheblichen Teil dazu beiträgt, Erfolg oder Mißerfolg zu programmieren. Aus diesem Grunde bemühen wir uns ja auch, so viel wie möglich richtig und so wenig wie möglich falsch zu machen.

Erfolg oder Mißerfolg hängen immer irgendwie mit anderen Menschen zusammen. Sie hängen oftmals sogar von ihnen ab. Daher ist es für uns notwendig, daß besonders die für unseren Erfolg wichtigen Menschen von der Richtigkeit unseres Denkens und Handelns überzeugt sind.

Sind sie nicht überzeugt, wäre es falsch, sie überreden zu wollen. Sie müssen sich überzeugen können.
Unsere Aufgabe ist es, die Argumente dafür zu liefern.

Oft streitet man sich »um des Kaisers Bart«. Damit ist ein sinnloser Streit gemeint, der weder dem einen noch dem anderen etwas bringt. Ursache hierfür ist bisweilen nur ein Mißverständnis. Weil der eine unter einem Begriff etwas anderes versteht als der, der ihn ins Gespräch brachte.

Die meisten geben nur ungern zu, daß sie etwas nicht verstanden haben oder etwas nicht erkennen, was als »allgemein bekannt« gilt.

So muß man lernen, sich klar und verständlich auszudrücken. Bei schwierigen oder mehrdeutigen Begriffen sollte man verdeutlichen, was man damit gemeint hat. Fragt man den anderen, ob er einen verstanden habe, wird der vermutlich »ja« sagen, weil er sich schämt zuzugeben, daß er das eben nicht hat. Besser ist es, den anderen zu bitten, aus seiner Sicht zu dem Thema Stellung zu nehmen. Dann merkt man schnell, ob man über die gleiche Sache redet.

Selbstverständlich käme es einer Beleidigung gleich, im Falle eines Mißverständnisses dem anderen die Schuld zu geben. Es ist viel eleganter anzudeuten, daß man sich wohl nicht deutlich genug ausgedrückt habe.
Die Schuld auf sich zu nehmen, ist eine liebenswürdige und erfolgreiche Höflichkeit.

Ein klares »Nein« ist nicht mißzuverstehen. Ein »Vielleicht« wird jedoch von jedem so ausgelegt, wie er es gerne verstehen möchte.

Und noch etwas:
Wer nicht »Nein« sagen kann, wird sich oft Ärger einhandeln. Einen Wunsch, den man nicht erfüllen kann, muß man abschlagen. Macht man jedoch einem anderen falsche Hoffnungen, wird man ihn später enttäuschen müssen. Das kann dann allerdings richtig Ärger geben und hat schon oft zum Bruch einer Freundschaft geführt.

Glaubt man denn im Ernst, einem anderen einen Gefallen zu tun, wenn man tröstend sagt:

»Na, ja. Zwar weiß ich nicht, wie ich Dir Deinen Wunsch erfüllen soll, aber ich will mal sehen!«

Dieses »Ich will mal sehen« ist eine gefährliche Aussage. Der andere versteht darunter eine halbe Zusage (Wunschdenken!) und ist nachher maßlos enttäuscht, wenn's dann doch nichts wird.

Sage ich »Ich will mal sehen«, denkt der andere: »Der schafft das schon.«

Wem ein »Nein« zu hart ist, der kann es mit der Erklärung versehen, daß man es für seine Freundschaftspflicht hält, dem anderen eine spätere Enttäuschung zu ersparen. Außerdem kann man versuchen, ihm gleichzeitig etwas Machbares als Ausgleich anzubieten. –

Wissen Sie, was Suggestivformulierungen sind? Ich rate vorab, sie zu vermeiden.

Trotzdem sollen sie in der einen oder anderen Ehe schon mal vorkommen – gleich von ihm oder von ihr.
Und das klingt dann etwa so:
»Das ist doch völlig klar! Paßt Dir das vielleicht nicht? Das würdest Du doch auch nicht anders machen! Gib es zu! Oder stimmt das etwa nicht?!«
Und das ganze ohne Luft zu holen.

Nun, 1. muß das gar nicht klar sein, und ob es mir paßt, danach hat mich eh keiner gefragt,
2. hätte ich das in der Tat anders gemacht,
3. kann ich es daher auch nicht zugeben und
4. stimmt es nicht – verflixt nochmal!

Aber antworten Sie auf soviel Unterstellungen mal, wenn Sie von vornherein wissen, daß jede

Antwort – außer »Ja, Liebling« – völlig sinnlos ist.

Und selbst darauf könnte ein
»Du nimmst mich wohl nicht ernst?!« folgen.

Da hilft nur die Flucht.
Und das innere Versprechen, selbst derartige Suggestivformulierungen zu vermeiden.

Wie man lernt, Entscheidungen zu treffen

Wer eine Entscheidung trifft, trägt dafür die Verantwortung. Vor anderen und vor sich selbst.
Das ist unangenehm, unbequem, ja sogar gefährlich – denn schließlich könnte die Entscheidung falsch sein – – – –! Also gehen wir ihr lieber aus dem Weg! Soll das doch ein anderer auf sich nehmen. Wer riskiert schon gerne, sich in »die Nesseln zu setzen«?!

Das Kind hat es da einfacher.
Eltern und Erzieher zeigen ihm den Weg und nehmen ihm für vieles die Verantwortung ab.
»Mama, was soll ich anziehen?
Ob ich wohl einen Schirm mitnehmen soll?«

Wird man größer, heißt es:
»Du mußt selbst wissen, was Du tust!«
Dann – spätestens – beginnt der Ernst des Lebens.

Fatal! Aber es geht nicht ohne Entscheidungen. Außer man könne es sich leisten, ewig Kind zu bleiben. Weil man jemanden hat, der für einen denkt.
Doch wenn der mal nicht mehr ist, was dann?

Wer jedoch weiterkommen will im Leben, der muß lernen, sich zu entscheiden. Ob er will oder nicht!

Dazu gehören Mut und fester Wille.
Und ein kühler Kopf.

Emotionen sind bei Entscheidungen schlechte Ratgeber

Wie man eine Entscheidung optimal vorbereitet, soll Ihnen folgendes Beispiel zeigen:
Es war Winterzeit. Ein Skiurlaub stand vor der Tür. Da flatterte mir ein Prospekt über neuartige Schneeketten auf den Tisch. Die seien besonders leicht montierbar. »Einfach über das Rad hängen und schon sitzen sie fest.«

Das faszinierte mich, denn bisher war das Montieren von Schneeketten ohne Hilfe einer Werkstatt lästig und unbequem. Außerdem konnte man sich dabei so herrlich schmutzig machen.

Ein paar Tage später zeigte mir mein erwachsener Sohn einen anderen Prospekt. Auch hier wurden neuentwickelte Schneeketten vorgestellt, die andere Vorzüge hatten, wie beispielsweise Rutschfestigkeit.

Ich telefonierte mit einem Lieferanten und fragte ihn, was er von den verschiedenen neuen Ketten halte. Er empfahl mir eine bestimmte Sorte ganz besonders.

Einen Tag vor Antritt des Skiurlaubs standen zwar die alten Schneeketten treu und brav in der Garage, die neuen hatten wir jedoch vergessen abzuholen. Ich bat meinen Sohn, schnell eben zum Händler zu fahren und rief sicherheitshalber vorher dort an, ob die Ketten bereitlägen. Der Verkäufer war nicht im Bilde, hatte aber die beiden neuen Sorten auf Lager: Die rutschfesten und die leicht montierbaren.

Nun fragte mich mein Sohn: »Welche soll ich holen?«
Ich bat ihn, doch selbst zu entscheiden.

Um ihm die Wahl zu erleichtern, begann ich gemeinsam mit ihm die Tatsachen festzustellen:

»Wir besitzen bereits Schneeketten. Diese benutzen wir bei hohem Schnee und Schneematsch. Bei festgefahrener Schneedecke, leichtem Neuschnee und Glatteis sind sie nicht zu gebrauchen.

Das Montieren bei vollbeladenem Wagen ist umständlich. Werkstätten, die helfen können, liegen nicht immer am Wege oder haben abends und an Feiertagen geschlossen. Die Montage im Dunkeln ist besonders mies.

Die neuen rutschfesten Schneeketten sind auch auf festgefahrenem Schnee gut verwendbar und bei Eis vorteilhaft. Ihre Montage ist jedoch gleich unbequem.

Die anderen neuen Ketten bieten den alten gegenüber keine weiteren Vorteile, außer daß man sie mit der ›linken Hand‹ aufziehen kann.«

Nachdem wir uns das alles klar vor Augen gestellt hatten, bat ich meinen Sohn nochmals, zum Händler zu fahren und die Ketten mitzubringen, die er für richtig hielte.

Er brachte die leicht montierbaren.

Diese Entscheidung war richtig, denn die anderen hätten Eigenschaften gehabt, die für uns keinen Vorteil brachten. Unser Entscheidungskriterium war ausschließlich die Montage.

Aus diesem Beispiel ergibt sich:

1. Es geht nicht ohne Entscheidungen.

2. Es nützt nichts, diese aufzuschieben, denn sie treffen sich nicht von selbst.

3. Sachliche Überlegung führt zu richtigen Entscheidungen.

Entscheidungen treffen sich nicht von selbst

Das richtige Geschenk

Geschenke haben seit jeher eine bedeutende Rolle gespielt.

Schon wenn die Seefahrer der Antike bekannte oder unbekannte Strände ansteuerten, hielten sie Geschenke bereit. Es galt den Bewohnern dieser Erdteile überzeugend zu demonstrieren, daß man in Frieden und Freundschaft gekommen war. Vergaßen dann die Besuchten, dergestalt verwöhnt, etwas vorschnell ihr Mißtrauen und ihren Argwohn, so fanden sie sich bisweilen schneller als Sklaven oder gar als Leichen wieder, als ihnen das lieb war.

Darum merke:

Schau dem, der schenkt, in die Augen

Geschenke können auch heute noch überzeugende Argumente sein. Vorausgesetzt, man schenkt der richtigen Person zur richtigen Zeit das Richtige.
Und das ist keineswegs immer einfach.

Mit einem Geschenk macht man auf sich aufmerksam. Positiv oder negativ.

Grundsätzlich sollte man sich merken, daß es besser ist, gar nichts zu schenken als etwas Falsches.
Mit unpassenden Geschenken kann man nämlich erheblichen Schaden anrichten. Immerhin bleibt es dem Empfänger unbenommen, sich über den symbolischen Wert des Angebindes so seine Gedanken zu machen. Rückschlüsse auf den »Absender« sind ebenfalls nicht zu vermeiden. Also!!

Warum aber schenken wir und werden beschenkt?

Der Normalfall wird wohl der Wunsch sein, anderen eine Freude zu bereiten. Aus Liebe, Freundschaft und Sympathie beispielsweise. Zu besonderen Anlässen, wenn Geschenke üblich sind – wie zu Geburtstagen und zum Weihnachtsfest.

Doch gibt es auch noch andere Gründe:
die Furcht, man könne Erwartungen enttäuschen oder gar in Ungnade fallen,
die Angst, sich an den Geschenken anderer messen lassen zu müssen,
der Wunsch, auf sich aufmerksam zu machen,
die Hoffnung auf ein Gegengeschenk und vieles mehr.

Ich habe mir angewöhnt, »mich selbst« zu schenken. Damit will ich ausdrücken, daß für mich ein Geschenk immer eine Art Visitenkarte darstellt. Schon aus diesem Grund schenke ich nicht »unter Wert«.
Es muß mir selbst gefallen und meinen Vorstellungen angemessen sein.

Auch pflege ich mir mit Geschenken viel Mühe zu machen. So überlasse ich es nicht Dritten, etwas für einen anderen auszusuchen.

Wenn es sich um einen schwierigen Menschen handelt, der sehr eigenwillige Vorstellungen hat, frage ich ihn einfach. Natürlich wird der Gefragte erst einmal abwehren: »Aber ich bitte Dich! Du sollst mir doch nichts schenken!« Und wenn ich dann nicht lockerlasse, heißt es: »Na, schön! Wenn es denn gar nicht anders geht. Ich überlasse es Dir, Du wirst schon das Richtige finden.«

Und dann bin ich so schlau wie vorher.
Darum habe ich mir angewöhnt, gleich alles

vorwegzunehmen. Das klingt dann etwa so: »Mein Freund, Du hast bald Geburtstag. Ich weiß nicht, was ich Dir schenken soll, aber Du weißt, was Dir fehlt. Deshalb zier Dich nicht, denn Du kannst mich doch nicht daran hindern, Dir etwas zu schenken. Gibst Du mir einen Tip, machst Du mir die Freude, Dir eine Freude bereiten zu können. Gibst Du mir keinen, besteht die Gefahr, daß ich etwas Falsches kaufe. Davon haben wir beide nichts.«

Das pflegt allgemein zu überzeugen. Ich bekomme einen Rat, besorge das Richtige, er (oder sie!) freut sich, und alles ist »in Butter«. Jeder vernünftige Mensch sollte das einsehen.

Natürlich kann man Fehler nie ganz ausschließen, wenn man ein Geschenk auswählt. Garantien gibt es da keine. Aber die »Umgebung« der oder des zu Beschenkenden wird sich vermutlich auch ein wenig auskennen und Ratschläge erteilen können.

Im Falle von Abhängigkeiten ist die Sache schon wieder etwas schwieriger:
Was schenkt man einem Vorgesetzten, einem wichtigen Geschäftsfreund oder sonst einer Persönlichkeit, an deren Wohlwollen einem gelegen ist?

Schenkt man zuwenig, könnte man sich blamieren, schenkt man zuviel, riecht das leicht nach Bestechung. Wie gesagt, sind hier durchweg Geschmack und Fingerspitzengefühl gefragt.

Meine Mutter ließ bisweilen das Preisschild dran mit dem Kommentar: »Wenn's schon nicht gefällt, soll man wenigstens sehen, wie teuer es war!«
Gott habe sie selig! –

Und nochmals:

**Nichts zu schenken ist besser,
als Falsches zu schenken**

Schlimm kann es auch sein, wenn durch unzureichende Verpackung zerbrechliche Teile beschädigt ankommen. Viele Menschen genieren sich, einem den Schaden zu melden. So ärgern sie sich still vor sich hin und sind dem Schenker auch bisweilen böse. Verständlich – obwohl der, wenn das Paket direkt vom Hersteller versandt wurde, daran unschuldig war.

Da zerbricht man sich dann den Kopf, warum dieser oder jener in letzter Zeit so zurückhaltend ist oder plötzlich (wenn's ein Kunde ist) nicht mehr soviel kauft.

Man hat ja keine Ahnung, daß vom 20 Jahre alten Cognac nur ein paar Scherben angekommen sind und das alles mit einem »Frohe Weihnachten und den besten Wünschen fürs neue Jahr«.

Apropos Scherben:

Da wollte doch mal einer besonders schlau sein. Er war zum runden Geburtstag eingeladen bei einer Dame, von der er wußte, daß sie wertvolles Porzellan liebte. Aber er verspürte nicht die geringste Lust, dafür sein sauer verdientes Geld auszugeben. Nach einigem Grübeln kam ihm die Idee.

Er durchwanderte die einschlägigen Geschäfte seiner Stadt. Schon im zweiten wurde er fündig. Auf seine Frage erfuhr er, daß dort gerade vor einigen Stunden eine wertvolle Bodenvase zu

Bruch gegangen war. »Kann ich die Scherben haben?« – »Selbstverständlich! Doch was wollen Sie damit?« Er erzählte von der Einladung und bat, die Scherben in einen Karton zu legen und an die Anschrift besagter Dame zu schicken. Durch Boten bitte und genau um 11.30 Uhr zu überbringen.

Er würde dem Geburtstagskind vorher mit geheimnisvollen Andeutungen den Mund wässerig machen.

Nach dem Öffnen des Paketes müsse man dann feststellen, daß die Vase unterwegs zerbrochen sei. Nun würde er den Entsetzten spielen und sich von der Gesellschaft trösten lassen.

Gesagt – getan! Er kam als einziger ohne Geschenk und fragte diskret, ob schon etwas von ihm eingetroffen sei. Als das verneint wurde, meinte er mit bedeutungsvollem Blick: »Nun, dann werden wir wohl noch ein paar Minuten warten müssen.«

Punkt halb elf läutete es an der Tür.
»Das wird es sein«, raunte man erwartungsvoll.
Nur wenige Augenblicke später kam der Hausherr zurück, ein Paket wie eine Krone in seinen Händen tragend.

Als es ausgepackt wurde, hielten alle den Atem an – es war mucksmäuschenstill.

Jetzt war es soweit.
Er reckte, wie die anderen, den Hals – und wurde leichenblaß:
Im Paket lagen die Scherben – jede für sich sorgfältig verpackt!

Sollten Sie jetzt das Gefühl haben, daß es sich lohne, künftig dem Thema des richtigen

Erfolg ein, ist das der klare Beweis dafür, daß die ganze Erfolgspsychologie nichts taugt! Jetzt lebe ich wieder ›normal‹!«

Nein – das traue ich Ihnen wirklich nicht zu.

Denn eines steht unumstößlich fest:
Richtiges Vorgehen oder das, was wir dafür halten, muß nicht automatisch den von uns gewünschten Erfolg in einer bestimmten Zeit nach sich ziehen.

Falsches Verhalten verhindert ihn jedoch todsicher! –

*) *Das in diesem Buch mehrfach zitierte frühere Buch des Autors mit dem Titel*
»Der Wesensstern«
erscheint demnächst
in neuer Ausgabe unter dem Titel
»Mit dem Erfolg per Du«.

Ebenfalls in Neuauflage
kommt demnächst das Buch
»Erfolg so nebenbei«.